イエナプラン教育を取り入れた自由進度学習

クラスでトライしてみる「ブロックアワー」

教育を取り入れた

岩本 歩

明治図書

はじめに

　私は，名古屋市教育委員会の新しい学校づくり推進室という所で指導主事をしている岩本歩と言います。

　きっとこの本を手に取った方は，イエナプラン教育に関心があったり，イエナプラン教育の実践が気になったりする方ではないでしょうか。私が赴任していた名古屋市立山吹小学校はイエナプラン教育を参考にした学校づくり・授業づくりが行われています。公開授業をすると一度に150人近くの先生が集まったり，県外からも多数の視察が行われたりしています。

　「公立小学校でここまでのことができるとは！」

　「子どもが自立しています。」

といった声が多数届けられています。

　公立小学校の取り組みの中で，イエナプラン教育の理念を参考にしながら，子ども中心の学びづくりを進めてきた成果とも言えます。特に注目されているのがイエナプラン教育の「ブロックアワー」という時間です。子ども自身が自ら時間割を組んで，学ぶ場所・学び方・学ぶペースを自分で選んで学んでいく時間です。ブロックアワーでは，子どもたちが目を輝かせて主体的に学びを進めています。

　イエナプラン教育には4つの基本活動があります。対話，仕事，遊び，催しです。今回は，ブロックアワーの取り組みに焦点をあてながら，私が教室で行ってきた実践について紹介していこうと思います。宜しくお願いします。

2019年12月11日の中日新聞に，河村たかし市長が私の授業を参観したことを報じる記事が掲載されました。

　子どもたちが黒板に貼られた各教科の到達目標を確認するなどしながら，自らいつ・どの教科を学習するかを決め，輪になるなどして学ぶ姿を見て，市長は「楽しそうに授業ができていた。今の制度の中でもできるということ。先生の中からこういうことをやろうという雰囲気が出てきたのは良いことだ」と話されたとのことでした。

　名古屋市の河村たかし市長が教室に訪れたことで，教室で行われていたイエナプラン教育の「ブロックアワー」が注目され，テレビ番組や新聞の取材が続きました。

　「みんな一緒に同じことを」という画一的な授業を行うのではなく，子どもたち一人一人が時間割をつくって授業を進めていることが名古屋市の公立小学校で取り組まれていると大きく注目されました。

　子どもたちは，各科目の単元目標と学習内容を見ながら自分で計画を立て，それぞれのペースで好きな順番に学んでいきます。最初は，このやり方に慣れなくて，「この学び方は本当に大丈夫？」という心配の声もありました。

　しかし，ブロックアワーを進めていくと，「このやり方なら『みんな違うから，人と比べなくていい』という気持ちになる。先生，この勉強方法がいろんな学校に広がっていくといいのになあ。」と子どもたちは目をキラキラ輝か

せて話してくれるようになりました。

　また，何より先生である私も幸せになりました。

　ブロックアワー中は，子ども一人一人に目配りしながら，単元のポイントを解説。各自の進度を把握し，サポートに徹することができます。じっくりと子ども一人一人と話しながら授業が進められる幸せを日々味わえました。

　教室に入って，「先生だぞ!!」という管理的な私の姿ではなく，「一人の人間としての私」が教室にいました。いつも自然体でにこやかに教室にいられるようになりました。

　ブロックアワーが終わると，子どもたちも先生も「あっという間に終わった。」や「この続きを家でもやりたい。」と話すようになります。先生がぐいぐいと引っ張っているようなことはなく，子ども自身が自分のやる気スイッチを押して，学びに向かっていきます。

　一人一人の子どもに応じた学びを深める方法を模索していた時に出会ったのが，オランダで普及する先進教育イエナプランでした。

　名古屋市では，１つの学級で行われていたブロックアワーという取り組みが，学年全体で，学校全体で，そして自治体のいくつかの公立学校で大きく広がっています。

　私が学級で取り組んできた実践が，今では市内の多くの先生方や学校に配信されています。

　また，中央教育審議会の「『令和の日本型学校教育』の構築を目指して〜全ての子供たちの可能性を引き出す，個

別最適な学びと，協働的な学びの実現～（答申）」も追い風となっています。

　イエナプランは，ブロックアワーだけが全てではありません。4つの基本活動の中に，コミュニティづくりを行うサークル対話，ワールドオリエンテーションという世界に目を向けて学ぶ探究学習，子ども同士の関係性を育む遊びなどの多種多様な教育活動があります。

　また，どんな子どもに育てていきたいのか，どんな社会にしていきたいのか，どんな学校にしていきたいのかという明確な理念をもった教育でもあります。

　本著で紹介した取り組みが「イエナプラン教育だ！」というわけではありません。

　私自身がイエナプラン教育のコンセプトを学び，多くの諸先輩方の実践などを参考にしながら，私の目の前にいるクラスの子どもたちとともに取り組んできた実践をご紹介しています。

　ぜひ，本書を軸に，イエナプラン教育のコンセプトを大事にした公立小学校での取り組みが進んでいきますように。

著者　岩本　歩

CONTENTS

第 3 章
学ぶ文化を育む
教室環境づくり・掲示物

第 4 章
ブロックアワーの始め方

第5章
インストラクションの始め方

第6章
子ども一人一人への目の向け方

第7章
ブロックアワーを取り入れた授業例

第8章
学級を安心できる場にする
サークル対話

第9章
探究の柱となる
ワールドオリエンテーション

COLUMN

- イエナプラン教育はコンセプトである／038
- ナゴヤ　スクール　イノベーションとともに／070
- どうやって学年で進めてきたのですか？／082
- スポーツで解像度を高めることを学ぶ／116
- 単元進度表はどれにするか考えよう　社会編／141
- ファミリー・ワールドオリエンテーション／196
- 働き方は変わるのか／203

第 I 章

オランダで見てきた
イエナプラン教育

01

オランダとイエナプラン教育

　2019年8月に，私は名古屋市の事業で，オランダへ行き，イエナプラン教育を現地で学んできました。

　オランダはヨーロッパ州に属し，九州地方とおよそ同じ大きさ，そして人口約1700万人の国です。現地のガイドさんが言われた「世界は神がつくったが，オランダはオランダ人がつくった。」という言葉がとても印象に残っています。

　この言葉は，オランダの国土の成り立ちを端的に表しています。オランダでは，古くから北海と低湿地を仕切る堤防をつくり，さらに風車を利用して，低湿地や湖の水を排水する干拓が行われてきました。国土の4分の1以上が標高0ｍ以下となる国です。また，同性婚や安楽死の合法化が世界で初めて認められるなど，「自由」と「自己責任」の国でした。

　また，ユニセフの調査により，オランダの子どもの幸福度は先進国の中で最も高いことが分かりました。

　そんなオランダで私が見てきた景色，それは「イエナプラン教育」でした。そして，幸せな子ども時代があふれている教室・学校でした。

イエナプランは，1924年，ドイツにあるイエナ大学の教育学者，ペーター・ペーターゼンが同大学の実験校で始めた教育モデルです。憲法で教育の自由が保障されているオランダで1960年代に初めてイエナプラン校が設立されて以来，急速に普及してきた教育です。現在，オランダ全体の３％にあたる200校近くが，イエナプランを取り入れています。

　約100年前にペーターゼンが研究していた大学実験校時代の教室では，男女共学，一人で・グループで，好きな場所での教育活動が行われており，極めて革新的な教育スタイルでした。また，20の原則と呼ばれる理想とされる人間像，社会像，学校像がまとめられ，それらをベースとした対話，仕事，催し，遊びの４つの基本活動が学校教育活動として行われていました。現地で視察をして私が一番驚いたのは仕事の中の「ブロックアワー」という時間でした。

02

衝撃的な
「ブロックアワー」の取り組み

　現地では「ブロックアワー」という授業の時間になると子ども一人一人が自分の決めた時間割をもとに，学習をしていました。イエナプラン教育の4つの基本活動の1つである「仕事」とは，学習の時間を意味していて，自分のペースで自立して学習を進めていくのが「ブロックアワー」という時間でした。

　実際に現地の学校を視察してみると，イヤーマフをして集中して学んでいる子，学びやすい場所を自分で選んで廊下やゆったりとしたソファーで学んでいる子がいました。どこに座るのも自由自在な様子。友達と学ぶのも，一人で学ぶのも自分で決めている様子がありました。

　また，学んでいる教科もバラバラでした。算数のドリルで問題を熱心に解いている子，タブレット端末を活用して自分が住む地域の特色を調べて学習している子，お気に入りの本を読書している子，地図を見ている子など，自分で学ぶ内容を決めている様子がありました。図書館のような静けさと，落ち着いて学んでいる幸せそうな子どもの姿に私は心から感銘を受けました。授業を見た際のメモに「私もオランダの子どもたちみたいな幸せな子ども時代をつくりたい。」と思わず書き残していました。

現地の女性の先生が笑顔で私を呼んで，今行っている授業の様子について説明をしてくれました。

　「あなたは英語が話せるかしら？」と聞かれたので，「そんなに話すことはできないです。」と私はおそるおそる答えました。すると，その先生は画用紙にカラフルなペンで「キャンプをしている子ども」「森」「たき火」のイラストを描いてくれました。

　そして，「もうすぐ子どもたちとキャンプに行くから，やりたいこと，疑問に思っていることをそれぞれが課題をもって計画したり，調べたりしているのよ。」と絵をさしながら教えてくれました。

　最後には「こうやって，英語が分からないあなたにイラストを描いて教えたように，一人一人の子どもに合わせて学びをつくっていくのがブロックアワーの時間です。子どもにとっても，先生にとってもとても幸せな時間になります。あなたならきっとできる！　ぜひ日本でチャレンジしてみてね。」と笑顔で話していただきました。この先生の言葉から，私は「ブロックアワー」の実践をチャレンジしていく，深めていく決意をして，日本に帰国しました。

現地での研修の様子

03

20の原則から
教師としての生き方を振り返ろう

　イエナプラン教育の20の原則では，理想的な子ども像，社会像，学校像のビジョンが紹介されています。以下に，『今こそ日本の学校に！イエナプラン実践ガイドブック』（リヒテルズ直子　教育開発研究所）の pp.22-23より一部引用します。

〈人間について〉

｜　どんな人も，世界にたった一人しかいない人です。つまり，どの子どももどの大人も一人一人がほかの人や物によっては取り替えることのできない，かけがえのない価値をもっています。

〈社会について〉

6　わたしたちはみな，それぞれの人がもっている，かけがえのない価値を尊重しあう社会を作っていかなくてはなりません。

〈学校について〉

20　学びの場（学校）では，何かを変えたりより良いものにしたりする，というのは，常日頃からいつでも続けて行わなければならないことです。そのためには，実際にやってみるということと，それについ

> てよく考えてみることとを，いつも交互に繰り返す
> という態度をもっていなくてはなりません。

　この原則を大事にした先に，今回紹介するブロックアワーなどの実践があります。常にこの原則に立ち戻りながら実践を進めていくことをおすすめします。

　原則1では，「かけがえのない価値」という言葉を私は大事にしています。ブロックアワーを進めていく上で，「この子の強みは何だろうか。」と考えます。出会った子どもの素敵なところを見つめるきっかけにしています。

　原則6では，「かけがえのない価値を尊重しあう社会」という言葉が私は胸に刺さります。自分がいる学級や学校でつくられる社会が，未来の社会をつくっていくのだと思うようになります。目の前の学級でいじめや暴力が多くなるならば，未来もそういう社会になってしまうのだと日々思うようにしています。

　原則20では，「何かを変えたりより良いものにしたりする」という言葉を大切に思っています。子ども一人一人の成長に必要な学びとは何かを常に考えるようになりました。その子だけに合った学びが面白くなる教具や，目の前にいる子どもに合ったブロックアワーのワクワクする単元進度表をつくることもあるでしょう。

　このように自分にとって大事にしたい原則を見つけることで，目の前の子どもたちのためにどんな教師として生きていくのか考えることができます。

04
私の教師としての根っこ

「粘土が好きで，休み時間も室内で遊んでいる姿をよく見かけました。ただ授業が始まっても粘土を触っていることが何度かあったので，休み時間と授業の区別をきちんとつけてほしいと思います。」

「私語を謹んで，自分の考えをもう一度確かめるように指導しています。」

授業の内容に入る前に，私の教師としての根っこを紹介します。教師としての根っことは，今の授業づくりにつながる価値観のもととなった私の体験をさします。少しだけお付き合いください。

上記にあるのは，私の小学校時代の通知表です。とても落ち着かない子どもでした。今振り返っても先生のコメントは辛辣です。

一方，6年生の時に救われた言葉ありました。

「岩本は話を聞くのが苦手だけど，自分で本を読んで勉強するのが得意。俺の話はそんなに聞かなくてもいいよ。好きに学べばいいよ。」

私の学び方について理解してくれた担任の先生の言葉でした。

私は，小さな頃から中耳炎になることが多かったことも
あり，人の話を聞くのが大の苦手でした。長話をする先生
だと，どうしても集中力がもたなくなるのです。だんだん
そわそわしだして，落ち着かなくなりました。なかなか中
耳炎が治らなくて，耳鳴りがよく聞こえました。

　本を読むことは大好きでした。勉強も，教科書や資料集
を自分なりに読んでいると分かることが多かったのです。
頭の中に言葉や内容がどんどん入ってきました。

　６年生の時の担任の先生のおかげで，読むことを大事に
して勉強した方が自分の理解が深まることに気づきました。
この気づきはとても大きく，自分の強みを生かした学び方
を知ることで，私は生涯自立して学ぶことができるように
なったのです。この時，当時の担任の先生が声をかけてく
れたように「その子の強みを生かした学び方，学びへの興
味を大事にしよう。」と心に誓いました。

　教師生活８年目に６年生の担任をしていた時のことです。
話すことに苦手さを感じている女の子がいました。学校で
は話すことが少なく，家にいる時は話ができる子でした。
その子の学び方をよく見ていると，「イラストを描いて自
分の考えをまとめることが得意」という強みがありました。

　私は，国語の物語を読む時のまとめを本の帯やポップカー
ドにまとめて発表したり，算数の説明活動を伴う問題で
「算数解説書づくり」を行ったりできるように彼女の強み
に合わせた課題をブロックアワーの時間に準備しました。

私がブロックアワーの時間に彼女に合わせた課題を出していると，周りの友達も先生が彼女の強みに合わせた課題を出していることに気づきます。

　ブロックアワーの時間には，このように一人一人の子どもに合った課題をつくることができます。私がその子の学び方を大事にしていくと，周りの友達からもその子の学び方を大事にするような行動がたくさん見られるようになりました。

　「今日のレポートについてイラストを描いてもらおう。」

　「ありがとう！　イラストの描き方を教えてほしいな。」

　彼女の強みを周りの友達や私が大事にしてきたからでしょうか。輪になって絵本の読み聞かせをし，感想を聞いた時のことです。その子は，自然と友達に話しかけることができるようになっていました。

　私は自分の少年時代の経験や出会った子どもたちのおかげで，一人一人の学び方の違いに気づくことができました。だからこそ，私は一人一人が自分に合った時間割を組み，自分の学び方を進めていけるブロックアワーに共感したのです。

単元進度表のつくり方・
週計画の立て方

01

つくってみよう単元進度表

　ブロックアワーを始めようと思った時に必要なのは，単元進度表，週計画，学び方を示す掲示物の3点セットです。ここでは，一つ一つの作成ポイントをご紹介します。

　右のページにあるのが「単元進度表」です。私は国語・算数・社会・理科の単元ごとに一つ一つ作成しています。単元のゴール・時間数の目安・毎時の学習めあて・学習の進め方（やること）・振り返りの項目づくりを行います。

　授業公開をしたり，研修を行ったりした際に一番よく聞かれるのがこの「単元進度表」についてです。

「どうやって単元進度表をつくるのか？」

「単元進度表をつくるのって負担にならない？」

「単元進度表の構成ってどうなっているの？」

　これがよく質問していただくベスト3だと私は思っています。本章では，これらの質問に答えられるようまとめてみました。

単元進度表の構成

6年生　算数　プロジェクト名
「サークルマスターへの道 PJ」

単元のゴール（学習内容）━━━━━━【単元のゴール（学習内容）】

・円の面積の求め方や公式，曲線図形の面積の求め方を考え，
　面積を求めることができる。

最終の振り返りチェック！！

（90％以上◎　・　70〜80％○　・　70％未満△）

時間	めあて	やること	教科書	計ド	本時の振り返り（◎・○・△）
1	**インストラクション**	円の面積の見当をつける			
2	円のおよその面積の求め方について考えよう	P.96のQRコードを読み取り，スクラッチを利用して，だいち・さくら・かいとの考え方を理解する。	96 97		① 円の面積は正方形の面積の約何倍？　約　　　倍
3	円の面積の公式を導こう	おうぎ形の図を使って，円の面積の公式について考える。	98 99		円の面積公式は？
4	**インストラクション** 曲線図形の面積の求め方を考えよう。	ひなた・だいち・さくらの考え方をグループのみんなが説明できるようにする。	100 101	5	
5	学習内容の最終チェックをしよう	自分の弱点を分析し，間違えた問題はさらに練習する。	102 103		

【学習の進め方】

【時間の目安】

【振り返り】

【毎時の学習めあて】

第2章　単元進度表のつくり方・週計画の立て方

02

どうやってつくっているの？

　まずは，各教科の指導書，使っている教科書，計算ドリル，デジタル教材などをご用意ください。

STEP 1 指導書の単元目標の確認。

STEP 2 指導書の各時間の目標，教科書の問題の確認。

STEP 3 単元進度表の枠に単元のゴール，時間数の目安を記入。

STEP 4 1時間ごとの学習のめあて，学習の進め方について記入。

STEP 5 ドリル類やデジタル教材の内容を確認しながら，1時間ごとの学習のめあてに合うページを記入。

STEP 6 振り返り項目を記入。1時間の学習のめあてに合ったクイズなどを書いても OK。

　単元進度表づくりの作業はパソコンで一気に行うことがポイントです。一気に書いてみてから，最初のインストラクション（説明）や単元のゴールを何にするかじっくりと練り上げていきましょう。

私は，まず，子どもが達成する単元のゴールについて考えるようにしています。

　そして，そのゴールに合わせた学びの目標を考えます。続いて，単元のゴールに向けた最初のインストラクションについてじっくりと考えるようにします。

　そこが決まれば，最後は子どもが学ぶプロセスを１時間ずつ丁寧に確認するようにしていきます。

　例えば，単元のゴールを「近所にある自動車営業所のスタッフの方に『環境に優しい』『人に優しい』をキーワードにした未来の自動車についてプレゼンテーションをしよう。」にしたとします。

　このゴールを意識したインストラクションを考えます。「自動車営業所のスタッフの方にミッションをもらう動画を示してみてはどうだろう。」「ミッションが達成したくなるような学習プリントを準備してみよう。」などのアイデアが出てきたら，それを単元進度表に書いていくようにします。

　また，目の前の子どもの実態も思い浮かべます。「そういえば，今のクラスの子たちは，スライド資料づくり，動画づくりが好きな子が多いな。ゴールには，それらを活用できるようにしよう。」「私の見本を示すのも大切だな。準備してみよう。」など，子どもの姿を考えて単元進度表づくりを行うようにしています。

　次のページからは，さらに詳しくまとめてみました。ご覧ください。

単元進度表を活用した学習の進め方

単元進度表の学習の進め方

時間	教科書	問題	今日のゴール	計ス	進度チェック
1	36		**インストラクション**「分数をかけるって？」		① 学びの価値をインストラクション
2	37		（分数）×（整数）の計算の仕方が理解できる。	13	
3	38 39		（分数）÷（整数）の計算の仕方が理解できる。	14	② 全体の流れをルーブリックで共有
4	42 43		（分数）×（何分の1）の意味を考え，理解することができる。		
5	44 45		（分数）×（何分の1），（分数）×（分数）の計算ができる。		③ 学習する（観察＆レクチャー）
6	46		整数や帯分数を含む分数のかけ算を計算することができる。	17	
7	47		小数と分数が混合したかけ算や3口の計算ができる。		④ 成果物の交流・価値の評価
8	48		かける数と積の大きさの関係を調べることができる。	19	
9	49		チェックテスト①		⑤ 振り返る（学び方を学ぶ）

単元進度表を活用した学習の進め方は，『よくわかる学級ファシリテーション③授業編』（岩瀬直樹・ちょんせいこ　解放出版社）を参考にして作成しています。単元進度表を活用して，左ページのように学習を進めていきます。子どもたちは，この単元進度表を一人一人が持って学習に取り組んでいきます。1学びの価値をインストラクション→2全体の流れをルーブリックで共有→3学習する（観察＆レクチャー）→4成果物の交流・価値の評価→5振り返る（学び方を学ぶ）という一連の流れで進めます。

1 学びの価値をインストラクション

　単元進度表を子どもたちに配付した後に，単元のゴールとイメージを子どもと教師が共有するようにします（詳しい事例は第7章に紹介）。その単元が自分の日常とどのように関わっているのかを理解し，学ぶことに価値を感じることができるように子どもたちへ伝えていきます。その伝え方は，多岐にわたります。動画，新聞，体験，読み聞かせ，プレゼンテーション，劇を見せるなどです。

子どものつくった作文を生かして読み聞かせ中

2 全体の流れをルーブリックで共有

　ルーブリック（評価基準表）を活用することで，単元ごとに目指したい価値を子どもと共有します。横軸は，３段階評価の姿を表しています。縦軸は，単元で目指したい価値を項目にしています。

【社会：水産業のさかんな地域】のルーブリック例

社会 水産業の さかんな地域	3	2	1
単元進度表	自分の考えを全て書けた。	◎○△で自己評価をしている。	やり忘れが多い。
４つの視点の活用について	４つの視点から２つ活用して，レポートづくりを行う。 ＋ 漁業をする人々がかかえる課題の解決方法を必ずまとめよう。	・日本の漁業。 ・長崎漁港の工夫。 ・つくり育てる漁業。 ・魚を原料に。	視点がない。
テスト	90％以上	80％以上	80％未満

【算数：面積】のルーブリック例

算数 面積	3	2	1
単元進度表	◎○△で自己評価 ＋ 感想を書いている。	◎○△で自己評価 をしている。	チェックしていない。
・面積の求め方を考える。（長方形・正方形） ・L字型の面積を求める。	・友達にもバッチリ説明できる。 ・問題づくりに挑戦した。	・どの面積も求めることができる。 ・L字型の面積を求めることができる。	・全く分からない。
テスト	90％以上	80％以上	80％未満

　平成29年度の学習指導要領には,「振り返ることの重要性」について述べられています。

　上記のようなルーブリックを子どもたちと共有することで, 振り返りながら子どもたちが学習できるようになります。子どもたちが自立的に学ぶために, ゴールまでの見通しや進め方, 単元のルーブリックを教師と子どもとで最初に共有することは大切です。

　ルーブリックの内容は, その単元で教師が子どもに身につけてほしい学習内容や学び方（左の列の項目）について3段階で評価を示しています。子どもがどのような状態に到達することを目指すのかを確認することができるようにしています。

　次のようなイメージでまとめると作成しやすいです。

教科 単元名	3	2	1
単元進度表	チェック忘れをしない。	チェック忘れが1～2個ある。	チェック忘れがたくさんある。
見方・考え方 パフォーマンス評価	3個の視点でレポートを書いている。	2個の視点でレポートを書いている。	1個の視点でレポートを書いている。
知識テスト	90％以上	80％以上	80％未満

　「学びに向かう力，人間性等」「思考力，判断力，表現力等」「知識及び技能」に関して，何でどうやって評価するのかを目の前にいる子どもが理解しやすいように平易な言葉でルーブリックにまとめるようにします。

　また，「この単元ではこんな感じで評価しようと思うけど，どう思う？」「もっと目指したいものはあるかな？」などと子どもたちに問いかけて，一緒にルーブリックを作成するようにします。一緒につくることで，子どもたちは評価に対して当事者意識をもつようになります。

　そして，学習途中でルーブリックを確認しながら学習を進めるようになります。

3 学習する（観察＆レクチャー）

　子どもは，単元進度表をもとに，自ら学習を進めていきます。そして，一人で，グループで，好きな場所で，学習を始めます。

一方で，教師は誰がどんな学習を進めているか観察し，子どもたちの声に耳を澄ませ，質問をしながら「なぜうまく進んでいるのか」「つまずきポイントは学習内容なのか，伝え方なのか」などの情報（単元進度表，ノート，テストなどで観察したこと）を集めるようにします（子ども一人一人の見方や方法については，第6章を読んで確認してください）。

　そして，誰がどこでどのように進み，つまずいているのか分析し，子ども一人一人に合った説明を必要に応じて行います。

 4 成果物の交流・価値の評価

　単元を通した成果物の交流や価値の評価を行います。評価を行う際は，テスト，レポート，新聞づくり，模型づくり，クイズ，劇づくり，ロイロノートを活用したプレゼンテーション，動画づくり，スピーチ発表などを行います。

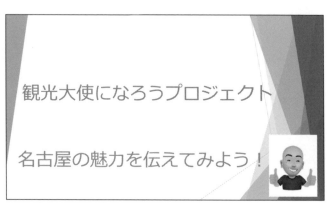

プレゼンテーションの資料例

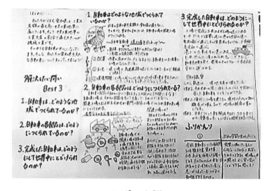

レポート例

5 振り返る（学び方を学ぶ）

イエナプラン教育の7つのエッセンスをアレンジした振り返り表

学びに向かう力	計画する	協力する	生み出す	表現する	振り返る	学ぶ責任
仲間とつながる	一定期間の予定が言える	ほかの人たちと協力する	新しいことを思いつく	考えを自分の言葉で表現する	自分の成長を伝えられる	「なぜその学び方を選んだか」を説明できる
進んで学ぶ	自分の目標を決めることができる	仲間の「考える時間」を大切にする	常に問い続ける	自然で自分らしく表現する	何を学んだのかを言える	始まる前に準備し，終わったら使ったものを片づけることができる
ワクワクして学ぶ	課題に必要な時間を把握し，適切な順序で進めることができる	仲間の考えに共感できる	ほかの人のアイデアに柔軟に合わせられる	目を見て話す	友達や先生からアドバイスを受け取る	チャイムが鳴ったら，すぐに学びに向かうことができる
自分の強みを活かす	手遅れにならないうちに計画を修正できる	説明を聞いたり，説明したりする	困難があってもあきらめずに努力してやりとげる	ジェスチャーを使って表現する	友達にアドバイスする	学びやすい環境をつくる
楽しむ！	先週の学びを振り返り，今週の計画に生かすことができる	自分のことも仲間のことも大切にできる	人の意見を認める	はっきりとした言葉と声を使って表現する	自分の学び方を見直し，改善する	燃えた!!

こういった子どもに大事にしてほしい力が記載された振り返り表も提示します。週計画や単元進度表を通して，自分はどんな力を身につけることができたのかを振り返るようにします。

STEP 1　振り返りの表の中で身につけたと思う力に○をつける。

STEP 2　どんな点を身につけたかを日記に書いたり，友達に伝えたりする。

STEP 3　次の単元で身につけたい力に◎をつける。

振り返りを積み重ねていくことで子どもたちからは，「振り返りの大切さを学びました。振り返りを重ねるにつれて，自分の得意なことや苦手のことを知ったり，友達やクラスの成長を感じたりすることができました。次にどうすべきかを考える機会にもなりました。」や「自分で計画を立て，実行し，振り返るようになったことで，どのようにすれば，自分にとってよい学習になるのか，深く学ぶことができるのか，考えながら取り組むようになりました。」「自分の進み具合や教室の雰囲気を振り返ることで，次の時間によいところは継続し，悪いところは改善することができました。」などの感想が出るようになりました。振り返ることで自分にどんな力が身についているのかを考えられるようになっていきます。

04

週計画の立て方

　次のページのような週計画を毎週金曜日か月曜日に配付します。

　週計画には，「日付」「曜日」「時間割」「その週に行う課題の目安」「家庭学習の内容」などを書きます。

　金曜日に配付すると，翌週の月曜日の準備がしやすくなるという利点があります。

　月曜日に配付すると，その週の時間割を立てることができ，子どもの意欲が高まりやすいという利点があります。利点を踏まえた上で，目的に合った曜日に配付してみてください。

　また，私は，週計画を配る際に以下のことを説明したり，共有したりしています。参考にしてください。

□今週に行う課題が何であるのかを説明する。

□先生自身はどんな週計画を立てるのか説明する。

□子どもが立てた週計画とその理由について共有する。

週計画の見本例

週時間割表（6月27日～7月1日）No.14				
😆	27 月	28 火	29 水	30 木	1 金
朝	サークル対話	漢テ	サークル対話	サークル対話	漢テ
1時間目	社会 **インストラクション**	体育（水泳）	YST 社会 ②③	体育（運動場）	YST 理科 ⑨
2時間目	国語 国語② クション	体育（水泳） 算数⑦⑧	YST	YST 算数⑩	YST
3時間目	道徳・時間 割	YST 算数⑨	理科	外国語 ○○先生	家庭科 ○○先生
4時間目	音楽 ○○先生	YST 国語③	家庭科 ○○先生	理科 テスト	学活（体育館）
5時間目	保健 テスト	理科⑦	体育（運動場）	総合・ふれあい	体育（水泳）
6時間目		委員会	社会 サポート交流		体育（水泳）
家庭学習	スキル	スキル	スキル	スキル	スキル
連絡		漢字スキル 提出50	**課題の目安**		漢字スキル 提出54

水泳，体育が　　場合は，理科，道徳の予定です。

テスト　7月4日（月）分数の　り算，武士の世の中～室町文化，
　　　　7月6日（水）雪は新　エネルギー

「今週のチャレンジタスク」			
国語	川とノリオ	**インストラクション②③**	単元進度表
算数	小数のわり算	⑦⑧⑨⑩・チャレンジミッション	単元進度表
理科	体のつくりとはたらき	⑨・チャレンジミッション	単元進度表
社会	武士の世の中 今に伝わる室町文化	②③・チャレンジミッション	単元進度表

週計画のチェックポイント

一人一人が時間割を立てたものを以下の視点でチェックしています。

□一週間の課題の目安を時間割に組みこめているのか。
□計画を立てた子どもにとって，課題の量は適切か。
□なぜこの計画にしたのか子どもは説明できるのか。

子どもたち一人一人が課題の目安を見ながら週計画を立てます。私は週計画を立てた子どもから教卓に来てもらって，一人一人に声をかけるようにします。

「自分で計画を立てるということは，この週の自分自身の学びに責任をもつことです。なぜその計画を立てるのかをよく考えてみることが大事です。もちろん，計画通りにいかないことも，スムーズにいきすぎてしまうこともあるので，その時は計画を修正しながら，この一週間の自分の時間割を大事に進めていこうね。」と声をかけます。また，一人一人の子どもの強みを把握して，一週間でその課題が終わるように調整します。週計画には一人一人のストーリーがあります。「この週計画の目的を教えてほしいな。」と話しかけて，子どもの声を聴くようにしましょう。

イエナプラン教育は
コンセプトである

　イエナプラン教育を学ぶ時に，「ブロックアワーってどうやってやるの？」と，方法ばかり考えていました。

　そんな時に「イエナプラン教育はコンセプト（考え方）である。私は，自分がやっている教育がイエナプラン教育と名乗らなくても良いとも思っている。方法を探ることも大事だけど，何のために，何を大事にしているのかに立ち戻ることが大事。コンセプトに立ち戻りながら，自分の取り組んでいることを整理して取り組もう。」と先輩に言われました。この言葉を聞いてから，「ブロックアワーって何のためにしているのだろう。」とよく考えるようになりました。一人一人が成長し，一人一人が自立した学び手になることが大事だと気づきました。この本では，私が出会ってきた多くの先輩方の実践を参考にしています。イエナプラン教育の基本活動を軸に，これまで学んできた先輩方の実践とともに私が取り組んできた実践を本書にまとめています。これらは，イエナプラン教育のコンセプトに立ち戻りながら，私自身が教師生活で取り組んできた１つの在り方であり，方法であると思っています。コンセプトを大事にしましょう。

第3章

学ぶ文化を育む
教室環境づくり・掲示物

01

ミネソタニューカントリースクール
を訪れて

　2022年8月に私はミネソタニューカントリースクールに行ってきました。ミネソタニューカントリースクールは，プロジェクト型学習を柱にした学校です。現地では，小学校と高校を視察することができました。

　今や日本に定着しつつあるプロジェクト型学習。子どもが自立して学ぶための安心して学べる環境づくりをとても丁寧に行っていると現地の研修で感心しました。

クールダウンテント

カラフルペットボトル

　左の写真はクールダウンテントです。心が落ち着かない時に，このテントに入って子どもがゆったりと休んでいました。

　右の写真はカラフルペットボトルです。「このペットボ

トルは何ですか？」と現地の先生に問いかけると，「ペットボトルを振ってみてよ。幸せな気持ちになれるから。」と言われたので，実際にペットボトルを振ってみるとびっくりです。色鮮やかな美しい色が出てきました。

　そこには，子どもたちが心安らげる環境がたくさんありました。

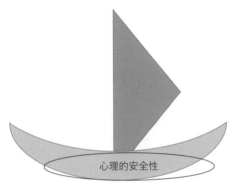

土台は心理的安全性

　ミネソタカントリースクールの小学校では，マズローの欲求5段階説をもとに作成した船のイラストが紹介されていました。船の一番底にあるのは「心理的安全性」です。学校の中で自分の考えや気持ちを安心して伝えられたり，行動できたりする状態であるような環境づくりをしているということを研修の中で教えてもらいました。

　心理的安全性があることで，子どもたち一人一人が自分の目的地に向かって進むことができるのです。

心理的安全性を育むためのポイント

　これまでブロックアワーを行う上で必要な「単元進度表」「週計画」のつくり方，学習の流れについて説明してきました。しかし，ブロックアワーを始める段階で学級に「心理的安全性」を育むことはとても重要です。

　そして，子どもたちが心理的安全性の高い状態でブロックアワーができる学級の文化をつくる必要があります。心理的安全性が高くないと，子どもの学びが深まりません。

　私がブロックアワーを行う上で，子ども一人一人が安心して学べる環境づくりをするために大事にしてきたポイントは，「学ぶ価値観づくり」「学ぶスキルや遊び」「学ぶ環境」「サポート活動」の４点です。この４点の実践例をこれから紹介したいと思います。

□学ぶ価値観づくり
□学ぶスキルや遊び
□学ぶ環境
□サポート活動

学ぶ価値観づくりの実践

 しなやかなマインドセット

　『マインドセット「やればできる！」の研究』（キャロル・S・ドゥエック　草思社）では，人間は成長し続けられると考える「しなやかなマインドセット」と人間の能力は生まれつき固定されたものだと考える「硬直マインドセット」の２種類が紹介されています。

　このうちの「しなやかなマインドセット」をもつことを学級の大事な文化として位置づけます。努力こそが人をスマートにして，失敗は自分を成長させるというマインドセットの価値観をクラス全体で共有します。

● **導入の仕方**

　「ブロックアワーを行う上で２つのマインドセットをみんなに紹介します。マインドセットとは，心の在り方のことを言います。アメリカのキャロル・S・ドゥエックさんが，成功する人の心構えとして『しなやかなマインドセット』を紹介しています。逆に失敗する人の心構えとして『かちこちマインドセット』を紹介しています。では，どんなマインドセットなのか見ていこう。」

このように話をして，「しなやかなマインドセット」と
「かちこちマインドセット」を一つ一つ確認します。
　「今日からブロックアワーという自分で計画を立てて，
自分の学びに責任をもつ学習を進めていきます。初めての
チャレンジです。みんなは成功させるために，何番のマイ
ンドセットを大事にしますか。ブロックアワーが終わった
ら，振り返ってみようね。」と伝えます。

● **子どもに示す振り返りのテーマ**
　あなたは何番を大事にしましたか？
　その理由は？

● **子どもの振り返り例**
　「わたしは，『できるには，
時間がかかる』を大事にしま
した。今日は算数で分数の約
分をしました。いつも約分を
し忘れることが多いし，でき
るのに時間がかかるので頑張
ってやりました。約分のし忘
れがなくてうれしかったで
す。」

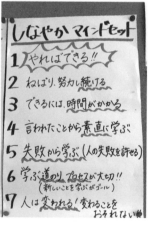

マインドセットの掲示物

学び手〜あなたには選択肢がある〜

　ブロックアワーを始める時に子どもが一番心配なのは，「勉強が分からない時にどうしたら良いのだろう。」です。ブロックアワーでは，学ぶ教科，学ぶ場所，学ぶ相手が選択できます。そこで，「学び手」として，「自分が何か知りたい時」「自分が分からない時」にどんな選択肢があるのかを教師は子どもに伝えるようにします。この選択肢があることが，「自分が分からない時に，自分で選んで学習が進められる。」という安心感を学級で育てていきます。

● **導入の仕方**

　「今日は，みんなに『学び手』を紹介します。ブロックアワーで『知りたいことがある時』『分からないことがある時』はどうするかな？」と子どもたちに問いかけます。子どもたちも，「先生に聞くようにしているよ。」「ぼくは，〇〇さんにやり方を教わっているよ。」などと答えます。「そうだね。みんなは自分が知りたいことがある時や分からないことがあって困っている時に，どう行動すれば良いか選択肢があると思う。例えば，友達に聞く，先生に聞く，グループに聞く，立って聞くなどが選択肢としてあります。ブロックアワーでも自分が学んでいる時に，どの選択をすれば良いのか考えて行動していこう。」と伝えます。

● **子どもに示す振り返りのテーマ**

　問題が分からない時に，なぜその選択をしたのかな？

　自分が知りたい時に，どの選択をしたのかな？

● **子どもの振り返り例**

　「わたしは，将軍と御家人の関係が知りたいと思った時
に『友達に聞く』を選びました。なぜなら○○さんが，鎌
倉幕府の政治に詳しいことを知っていたからです。」

　「わたしは，前回学校を休んでいたので，席を立って先
生に金属の温まり方と体積について教えてもらいました。
先生が図を使って教えてくれたので助かりました。」

学び手の掲示物

04

学ぶスキルや遊びの実践

1 丸のつけ方について

　子どもが自分で解いた教科書の問題，ドリル，プリントなどを自分で丸をつけられるようにしていくことで自立して学習を進めていけるようにします。

　そのために教師は自分で丸つけが行えるスペースを教室につくるようにします。この丸つけの掲示は，葛原祥太さんの『「けテぶれ」宿題革命！』（学陽書房）を参考にしています。

　丸のつけかたに関しては，教師が粘り強く教えていくことが求められます。一度教えたでしょ？と突き放さないようにしましょう。子どもによっては，一緒に丸つけをするなど，教師が寄り添うことが大事です。

● 導入の仕方

　「自分で教科書の問題やプリントを解いたら，今まではどうしていたかな？　先生に丸をつけてもらったり，先生が話した答えを丸つけたりしていたね。丸をつけるのは，自分が理解できているかを把握するためのものです。自分で丸をつけて，何が分かっていて何に困っているのかを分

析できるようにしていこう。すると，自己分析する力がつくよ。間違ってもＯＫ。間違ったら，もう一度練習をしたり，自分で直したりしていこう。みんななら大丈夫！」と子どもたちに伝えます。

● **子どもに示す振り返りのテーマ**

　自分の丸つけレベルはどのくらいかな？　その理由は？
なぜ丸を自分でつけると良いのだろうか？

● **子どもの振り返り例**

　「私の丸つけレベルは，昨日は１でしたが，今日は３です。分数を小数にかえる計算をするのが私は苦手です。間違えた問題と似た問題をもう一度自分で解き直すことができたからです。」

● **ポイント**

　丸つけを忘れてしまう子がいます。一緒に笑顔で寄り添って丸をつけるようにしましょう。丸つけを忘れてしまうのは，その良さが実感できていなかったり，分からなかったりすることが原因です。あたたかくサポートしていくことがとても大切です。

丸つけレベルの掲示物

2 遊びを通して人間関係を育む

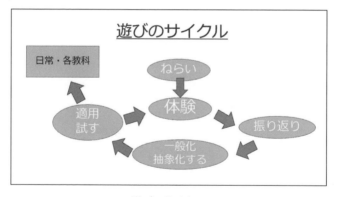

遊びのサイクル

　イエナプラン教育では「遊び」の時間を大切にしています。今回紹介するのは，ねらいをもって「遊び」を行い，子ども自身が振り返り，一般化し，日常で試していける活動です。遊びを通して，互いの良さを知ったり，課題解決

する良さを共有したりすることで，ブロックアワーの時間に適用することができるようにしていきます。

〈誰だろうゲーム〉

誰だろう？	好きな食べ物	好きな遊び	チャレンジ したいこと
1	?	バスケ	バスケ
2	ペペロンチーノ	?	?
3	シロノワール	?	サッカー

①1枚ずつ付箋紙を渡して「好きな食べ物・好きな遊び・チャレンジしたいこと」を書いてもらいます。書き終えたら，教師に提出します。

②教師は3枚の付箋を選び，上のような表を板書します（うすいグレーの部分は空欄にしておく）。名前のくじを引いて当たった子は，「1の好きな遊び」などと表の自分が知りたい場所を指定します。

③教師は指定された箇所の付箋に書かれている内容を書きます。表を5箇所ぐらい埋めたら，班ごとで1〜3がクラスの誰なのかを解答用紙に書きます。

④振り返りに，「友達のことが分かるってどんな気持ち？」など，友達のことを理解する良さについてクラス内で共有します。

〈餃子じゃんけん○○人前に挑戦だ！〉

① 「もうすぐお昼。おなかがすいた。先生が一番大好きな食べ物は餃子です。５年３組のみんなに60人前注文しよう。」と伝えます。

② 「３人組になって餃子じゃんけんをします。グーは肉。チョキはニラ。パーは皮。三つが揃ったら『一丁あがり』と言います。成功したら別の３人組でじゃんけんをします。揃わなかったら，『あいこでしょ』と言って揃うまでやりましょう。」と伝えます。

③ 「５年餃子屋さん。制限時間は５分（だいたい成功します）です。５分で60人前お願いします。」と伝えます。

④ 振り返りに「成功してみてどうだった？ ブロックアワーで生かせそうなことはあるかな？」と遊びと日常をつなげて問います。

　上記の遊びは掲載されていませんが，甲斐崎博史さんの『クラス全員がひとつになる学級ゲーム＆アクティビティ100』（ナツメ社）に振り返りとセットで豊かな人間関係を育む活動がたくさん紹介されています。多くのことを学べます。ぜひご参考にしてください。

05
学ぶ環境について

 1 学級目標のキャラクター化と振り返り活動

　私は学級目標をキャラクター化し，1年間を見通したストーリーを感じられる学級目標づくりをすることをおすすめします。私は学級目標とつなげたブロックアワーの振り返りも行ってきました。

　上の写真は「絆の力で未来へ道を切り拓く伝説の勇者たち」という学級目標です。

　これを達成するために「信頼」「全力」「笑顔」をキーワードに，左上に書かれている中学校を目指すストーリーとなっています。

　上の写真は「世界一ウルトラハッピーカーニバル～絆で結ばれた6－2の旅～」という学級目標です。

　これを達成するために「貢献」「笑顔」「助け合い」をキーワードに，右上のゴールを目指していくというストーリーになっています。

● **学級目標の構成のポイント**

　よく私はメタファーを子どもと共有してキャラクター化した学級目標づくりをしています。また，貢献感（役に立ちたい），所属感・信頼感（クラスの居心地や仲間への信頼），自己受容（素直さ，自然体）がキーワードになるように学級目標を構成しています。ブロックアワーの前後に学級目標の達成と関連づけて振り返りを行うようにします。

● 子どもとの振り返りのやりとりの紹介

「みんなでつくった学級目標です。(掲示を示しながら)ブロックアワーも学級目標を達成していくストーリーに入っています。ブロックアワーをしていく際に，学級目標が達成できそうなことはないかな？」と教師が伝えます。

「私は，『貢献』が達成できると思う。自分は，歴史人物について調べるのが得意。歴史の本もたくさんあるから，みんなに資料を紹介する。」

「私は『全力』です。自分が集中できるのは静かな場所です。なので，よく教室のすみでイヤーマフをして学んでいます。今日は，算数の分数のかけ算の問題をたくさん解きたいと思います。」などの意見が出ていました。

● ブロックアワーと関連づけた学級目標の振り返り例

学級目標の何とつながっていた？　それは何だろう？
学級目標とつなげることで，クラスの何が変化した？

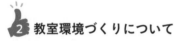

2 教室環境づくりについて

2019年の8月にオランダのイエナプラン教育短期研修を受けた時，子どもや大人を取り囲む学びの環境に衝撃を受けました。

子どもも大人も一人一人が自分のペースで，リラックスして学ぶことや働くことができる環境になっていました。

例えば，ペアで座ることができる椅子がありました。ブ

ロックアワーの時間に同じ課題を一緒に取り組んでいる様子が見られました。また，それは二人だけの秘密基地のような場所にあり，楽しく学んでいました。他にも階段を登っていると，またまた隠し部屋みたいな場所があって，そこにドリルやノートを持って行き，数人だけでリラックスして学んでいることもありました。

さらに，職員と保護者がサークルになって話し合うことができる部屋もありました。コーヒーを飲みながら，じっくりゆったりと子どものことを話し合っていました。休み時間には先生同士もおやつを食べながら，子どもが遊んでいる様子をニコニコと見て，話をしている姿もありました。

学校全体がリビングルームのように安心して学べる場所になっていました。自分が自分でいられる素敵な場所になっていたのです。視察してきたことをヒントに私も教室でチャレンジをしてみました。

● 子ども一人一人と学びやすい環境づくり

オランダで見てきた環境を子どもたちに写真で示してみて，ブロックアワーをする際に自分が学びやすい環境づくりにも挑戦しました。

この時担任をしていた5年生の学級目標は，「心強きほこり高き優しきライオン」でした。キーワードは「男女関係なく」「思いやり」「学び合い」でした。ライオンをメタファーにして，子ども同士が相談しながら居心地の良い環境づくりを行っていきました。

　まず取り組んだのは，クラスのマスコットキャラクター
の作成です。「クラスにキャラクターがいると，リラック
スすることができるよね。」という意見から，左の写真の
ようなマスコットがつくられました。

　子どもたちは，個人懇談がある雨の日には右の写真のよ
うに雨宿りができる場所にマスコットを移動させたり，ブ
ロックアワーをする時はマスコットに「今日は国語のプリ
ントを2枚頑張るからね。」と話しかけたりと，マスコッ
トを大切にしたり勇気づけられたりしている姿がたくさん
見られました。

● **看板づくりに，なんと神社まで登場！？**

　次に，教室の入り口にあるクラスネームが入っている看
板を作成しました。最初はブロックアワーをする教室内の
学習環境づくりをしていこうと私は思っていました。しか
し，子どもたちは「ブロックアワーをするのは，学級目標
の達成と一緒だから，教室の入り口に看板があるとやる気
が出る。」ということでした。次のページの左の写真がそ

の看板です。

　右の写真は,「おみくじと神社」です。子どもたちは,ブロックアワーを始める前に, この神社に来ておみくじを引きます。おみくじには,「今日のブロックアワーは, 鉛筆を削っておくと良い♪」「社会をしている時に, 図書館に行くと調べ物が見つかるかも♪」など, 学びに関わることが書かれていました。

　また, 神社では, テスト前に「今日は, 勉強の成果が出ますように！」とお祈りしている子もいました。学ぶワクワクさを自分たちでつくり, それを活力にしていました。

● グループの机の配置や個別学習スペースづくり

　教室内の席の配置や, 学ぶスペースづくりも進めました。『クラスがワクワク楽しくなる！子どもとつくる教室リフォーム』(岩瀬直樹　学陽書房)を参考に, その写真を子どもに示したり, オランダの教室環境の様子を見せたりも

しました。

　左の写真のように小さなコの字型席をグループ分配置しました。グループ席をつくると協働的な学びが促進されやすいため，おすすめです。

　子どもたちがいくつかのグループ席をつくって一日生活し，帰りの会に感想を聞いて一番納得したのがこの席の形でした。子どもたちにとっては，一番話し合いがしやすかったり，学びやすかったりしたようです。

　右の写真は，畳や小さな机を置いて，ここに来て友達同士で集まって学んだり，休み時間はカードゲームをしたりする憩いの場にしていました。少し見づらいですが，古い教卓を活用して卓球スペースもつくっていました。卓球ラケット，コート，遊びのルールを自分たちでつくって楽しく卓球を行っていました。

06

サポート活動について

余白をつくるワークショップ型係活動

　ブロックアワーをしている際に，その教科の発展課題を準備していましたが，もっと子どもたちが楽しんで自分の興味関心を伸ばして学ぶことができる活動をつくりたいと願い，私はワークショップ型係活動を月に数回行っていました。また，ブロックアワーでその週の課題が終わっている際は，ワークショップ型係活動を行っても良いことが学級のルールになっていました。以下にワークショップ型係活動の種類を紹介します。

● **ワークショップ型係活動の種類**

　子どもに紹介したのは下記のようなものです。

　子どもたちは，この中から自分がチャレンジしたい・やりたい係活動を選びました（前期・後期制です）。

・科学者＝主に実験・調査を中心に活動を行う
・読書家＝クラス図書館づくり・自分の好きな読書を行う
・作家＝作家になり，好きなジャンルを本として出版
・歴史家＝歴史人物・文化などの新聞づくりなど探究活動

・生物学者＝生物図鑑づくり・生物実態調査など

・建築家＝教室に必要なものを木材加工して建築する

・映画家＝テーマを決めて映画監督になって，制作する

・美術家＝アートの紹介やアートづくり

・スポーツライター＝スポーツ新聞づくりやスポーツに関わるものの制作活動

・外国語学者＝外国語を自分で学ぶ・みんなにレッスン

● **職業になりきって本気でチャレンジをしていく係活動**

　月に数回，学級活動の時間に係活動を行いました。私の場合は使用できる教室がもう一部屋あったので，「係活動ルーム」をつくって行っていました。

〈１時間の係活動の流れ〉

①ミニレッスン（それぞれの係活動で必要な題材や内容の解説を行う）

②とにかく探究活動を行う

③共有（ＫＰＴ法を使った振り返りカード）

　※ KPT 法とは振り返りのフレームワークの１つ

　上記の流れで行います。さらに，子どもたちが行う係活動のチャレンジに合わせたミニレッスンも行いました。

● **建築家係へのミニレッスン〜業務士さんとともに**

　建築家係は，何やら設計図を描いていました。どうやら

学級で行うサークル対話（第8章参照）で使用するベンチ
や，立って話ができる机をつくろうと計画をしているよう
でした。

　しかし，「つくりたいイメージはあるけど，設計図の描
き方が分からない。」と悩んでいました。

　そこで，私が学校の業務士さんに依頼をすると，「子ど
もたちの見本になるベンチをつくっておくよ。見本のベン
チを見ながら必要な材料やつくり方を一緒に学ぼう。」と
言っていただけました。

建築家係が完成させベンチと机

　建築家係の子どもたちは，「本物のベンチだ。私たちが
座っても安定している。どんな組み立て方をしているのだ
ろう。」と早速目を輝かせて調べていました。建築家係は，
1年かけてベンチ3つと机3つを完成させました。ベンチ
は，実際のサークル対話で使われました。

　卒業式近くには，「タイムベンチにしよう。」と呼びかけ
合って，大人になった自分に向けたメッセージを書きまし
た。子どもたちは，成人式にこのベンチと再会するのをき

っと楽しみにしているでしょう。

● 美術家係へのミニレッスン〜本とともに

美術家係が作成したアートや服飾

「自分たちの美術館をつくりたい。」をテーマにスタート
した美術家係のメンバー。なんと土日に名古屋市美術館に
行くほどのやる気。

　名古屋市美術館を見てきた後に「もっともっと作品を見
てみたい。制作したい。」と話してくれました。そこで，
近隣の図書館に依頼をして鑑賞用の図鑑や，様々なジャン

美術家係が製作したレプリカの刀や衣装

ルの作品づくりのヒントとなる本を置くようにしました。

　「本に載っている技を使って，日本刀のレプリカをつくれないかな？」「美術館に服を展示して写真が撮れるようにしたい。」と調べたことをもとに前ページの写真のような日本刀のレプリカや，服を制作することができました。

● スポーツライター係へのミニレッスン〜興味とともに

　毎日プロ野球名鑑を見て，自学ノートにまとめるのが大好きなスポーツライター係。プロ野球名鑑を毎日見たり視写したりしているので，漢字テストをしてもほぼ答えることができました。

　また，社会科でどこかの都道府県について紹介されると，「高知県は〇〇高校が今年の甲子園に出ているよね。」「うんうん。藤川球児さんの出身県だよね。」といった話がスポーツライター係から出ていました。

　スポーツライター係は，私のミニレッスンをあまり必要とすることがありませんでした。

スポーツライター係の自学ノートや製作物

自学ノートで自分自身の興味関心が広がり，段ボールや割り箸を使ってドーム球場のミニチュアづくりや，粘土で野球道具づくりなども行っていました。

　こういった興味関心が強い係には，「何をしているの？困っていることはある？」と問いかけたり，基本的には温かく見守ったりするようにしています。

● **歴史家係へのミニレッスン〜フィールドワークとともに**

　左の写真は伊達政宗のかぶとのレプリカ，右の写真は消防の歴史と写真図鑑です。歴史家係には，実際にそれがある場所を紹介するミニレッスンをすることで，自分自身でフィールドワークをして制作したり，写真を撮ったりしていました。

歴史家係のかぶとや消防の歴史と写真図鑑

● **ブロックアワーへ関連づけるような種まきを怠らない**

　私がワークショップ型係活動を行うようになったのは，『今こそ日本の学校に！イエナプラン実践ガイドブック』

（リヒテルズ直子　教育開発研究所）で紹介されている「マルチプル・インテリジェンス」というハーバード大学のハワード・ガードナーの理論を参考にしています。

　人の能力は「言語」「論理・数学」「空間」「音楽」「運動」「人間関係」「自然」「内省」の8つの方向で優れているものがありますが，学校では「言語」「論理・数学」を強調されがちです。

　この「ワークショップ型係活動」があることで，ブロックアワーで学んでいることに加えて，子どもたちは自分の強みをより深めることができると考えました。行う際には，以下のことを意識します。

□単元進度表を手渡してインストラクションをする前後に「係活動でできそうなことはあるかな？」と問いかける。
□単元の終わりで成果物を交流した後に「係活動でもっと深めてみたいことはあるかな？」と問いかける。

　ブロックアワーを進めていくと，係活動でできそうなことを子どもは考えるようになります。実際に，数学者係は問題の解き方動画づくりをしたり，歴史家係は歴史人物に関する劇や紙芝居を単元の導入のインストラクションで披露してくれたりしていました。ブロックアワーの余白の時間にも係活動での学びに夢中になっていきます。

ワークショップ型係活動「生物学者係」の記録

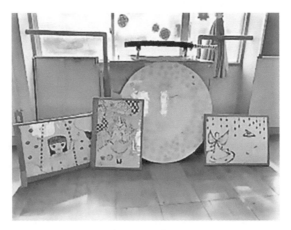

ワークショップ型係活動「美術家係」の記録

2 えんたくんを活用して話し合いができる環境づくり

　ブロックアワーの時間に計画を立てる話し合いを行う時に活躍する思考ツール「えんたくん」を紹介したいと思います。『えんたくん革命』（川嶋直・中野民夫　みくに出版）を参考にしました。

　「えんたくん」とは，4人で1グループとして計画立案するための作戦盤です。円盤状のホワイトボードで，子どもたちはそれを膝の上において円座になり，程よい距離感で話し合うことができる対話促進ツールです。

　文字や図形を使って話し合った内容を記録しながら，次の手順で進めます。

STEP 1	ボードを格子状に区切り，中央に議題を書く。
STEP 2	周りのマス目に決めておくべき事柄の項目と内容を書く。
STEP 3	各項目と内容をグループで意見交流し，具体的に計画を立てる。

　「えんたくん」を活用することで，子どもたちは少人数の話し合いの中で発言の機会を多くもち，友達の考えを受け止めながら，自分事として活動の計画を立てることができます。

また，ボードがマス目になっていることで，子どもたち
は活動の具体的な項目や内容について何を話し合うのかが
明確になり，話し合いが必要なところを理解して計画を立
てることができます。

えんたくんを使っている様子

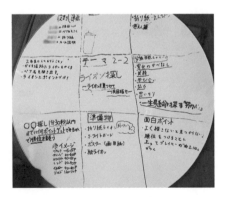

えんたくん計画書

ブロックアワーでは，「元と幕府の戦い方を劇にしてみよう。」や「６つある水溶液の中から水を探すにはどうしたら良いだろうか。」などの協働で取り組む課題がある際に，子どもたちはえんたくんを使って課題解決に向けた計画を立てていました。

　私は，えんたくん以外にもロイロノート，Jamboard，などのＩＣＴを活用した話し合いのツールも選択できるように準備していました。

　子どもたちが，自分が解決したい目的に合わせて，自分に合った話し合いができるツールを選択できるように，教師は様々なものを準備することをおすすめします。

ナゴヤ　スクール
イノベーションとともに

　名古屋市教育委員会では教育改革を市全体で推進するため，「ナゴヤ　スクール　イノベーション」と銘打ち，子ども一人一人の興味・関心や能力，進度に応じた「個別最適な学び」と「協働的な学び」の一体的な充実を図っています。その中で「授業改善の推進」「環境整備」「広報・啓発」の３つの観点から一体的に推進をしてきました。

　縁あって私は2019年にその事業の実践者の第一期生としてオランダのイエナプラン教育の短期研修を受けることができ，そこでの学びを学級担任として実践しました。また，その後は「ナゴヤ　スクール　イノベーション」の一貫としてスタートした民間団体と連携して学校課題を乗り越える「マッチングプロジェクト」という事業の研究校である「名古屋市立山吹小学校」で研究主任をしていました。名古屋市立山吹小学校では，2020年からイエナプラン教育を参考にした学校づくり・学級づくりを進めてきました。現在は，「ナゴヤ　スクール　イノベーション」を進めている新しい学校づくり推進室において指導主事をしています。「ナゴヤ　スクール　イノベーション」とともに今の私の実践があると言えます。

第 **4** 章

ブロックアワーの始め方

ブロックアワーの４つのステップ

　第２章では単元進度表や週計画の作成方法や使い方について，第３章では子どもの心理的安全性をつくってブロックアワーをしやすくなる工夫について，ご紹介してきました。本章では，週計画で時間割を組み，複数教科でブロックアワーに挑戦するまでの４つのステップをお伝えします。

STEP 1　１時間で行う同一教科単元内自由進度学習。

STEP 2　複数時間で行う同一教科単元内自由進度学習。

STEP 3　単元を通しで行う同一教科単元内自由進度学習。

STEP 4　複数教科で行う単元内自由進度学習（ブロックアワー）。

　子どもたちが自立して学べていると判断できるようになったらステップを進めていきましょう。４つのステップを段階的に進めていくことをおすすめします。

STEP I
I 時間で行う同一教科単元内自由進度学習

　私は STEP I を進めていく上で，以下のことを導入する
ようにしています。

□「しなやかなマインドセット」で学ぶ価値の共有
□「丸つけの仕方」「学び手」を紹介して，学ぶ技を
　示す

　基本的にこの２点を行っていました。これらは，すでに
前章で導入の仕方については紹介しましたので，それを参
考にぜひ実行してみてください。
　大事なのは，何のためにこの学びを進めていくのかにつ
いて子どもと対話することです。
　それでは，具体的な進め方について算数を例に説明して
いきます。

一斉授業で①の問題を解く

---

①の適応題を解く→自分で丸つけ

終わったら，タブレット問題やプリントを解く

I 時間で行う同一教科単元内自由進度学習の流れ

算数で行う場合には，最初は一斉型授業で問題の解き方を子どもたちと考えて，一緒に答え合わせをします。

　そして，次に適応題は子ども一人一人に問題を解くことを任せて，それぞれが丸つけを行います。

　最後は，学習コーナーを活用します。タブレットを活用して問題を解くコーナー，学習プリントの問題を解くコーナー，問題づくりを行うコーナー，教師と学ぶコーナーなどを用意して子どもたちは自分に合った学び方を選択して進めていきます。

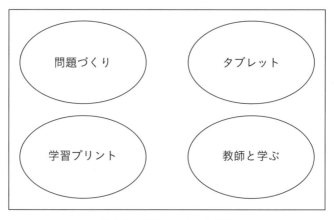

教室内の学習コーナー配置例

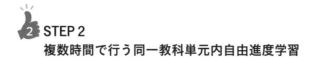

STEP 2
複数時間で行う同一教科単元内自由進度学習

　1時間の授業を任せることができるようになったと判断したら STEP 2 に進みます。

```
┌─────────────────────────────────────────┐
│  ┌───────────────────────────────────┐  │
│  │ 先生が複数時間の問題を解くように伝える │  │
│  └───────────────────────────────────┘  │
│  ┌───────────────────────────────────┐  │
│  │       問題を解く→丸つけ            │  │
│  └───────────────────────────────────┘  │
│  ┌───────────────────────────────────┐  │
│  │ 終わったら，タブレット問題やプリントを解く │  │
│  └───────────────────────────────────┘  │
└─────────────────────────────────────────┘
```

複数時間で行う同一教科単元内自由進度学習の流れ

　私は，複数時間で行う学習を子どもに任せられるかどうかの判断基準を以下のように考えていました。

```
┌─────────────────────────────────────────┐
│ □適応題の丸つけがスムーズに進められている │
│ □丸つけ後にどんな学びを進めるか選択できる │
│ □教師自身が子どもの学びの進度，実態，課題などを │
│ 　把握できている                          │
└─────────────────────────────────────────┘
```

以下の手順で学習するよう子どもたちと確認をしました。

```
┌─────────────────────────────────────────┐
│  ┌───────────────────────────────────┐  │
│  │   単元進度表の目標を読んで確認する  │  │
│  └───────────────────────────────────┘  │
│  ┌───────────────────────────────────┐  │
│  │  教科書・ドリルなどの問題を解く    │  │
│  └───────────────────────────────────┘  │
│  ┌───────────────────────────────────┐  │
│  │  単元進度表のチェック欄で自己評価  │  │
│  └───────────────────────────────────┘  │
└─────────────────────────────────────────┘
```

子どもと確認し合うこと

1時間ごとに単元進度表の目標を読んで確認し，教科書・ドリルの問題にチャレンジし，最後は必ず単元進度表のチェック欄で自己評価するように適宜声かけをしていきます。

子どもたちには，単元進度表の2時間分や3時間分の課題を伝えます。1時間で2時間分を終えて，残りの1時間を発展的な問題に取り組む子，1時間ずつじっくりと課題に取り組む子などそれぞれです。

3 STEP 3
単元を通しで行う同一教科単元内自由進度学習

単元の導入は一斉にインストラクション
その週に進める時数・範囲を伝える
単元終了後，タブレット問題・プリント・探究

単元を通しで行う同一教科単元内自由進度学習の流れ

複数の時間が任せられるようになったら，いよいよ子どもたちに単元丸ごとを任せるようにします。単元の最初のインストラクションで導入・ルーブリックの共有・ゴールの共有を確実に行います。

そして，任せる時数を伝えた後は，子どもそれぞれが自

分のペースで学習に取り組んでいきます。

単元全体を任せた際に，進度が遅れがちな子どもには孤立しないように教師が助言したり，学習課題の量を一緒に調整したりします。ペースが速い子は，学んだ内容の復習もしながら進めるように声かけをしたり，発展的な課題を行うおもしろさを伝えたりしていきます。

STEP 4
複数教科で行う単元内自由進度学習
（ブロックアワー）

国語，社会，算数，理科のいずれの教科でも STEP 3 の段階まで学習が進められそうと判断したら STEP 4 に進みます。判断する基準は以下に示します。

□子どもが生き生きと学んでいるので，教師も子どももさらにチャレンジしたいという意欲がある。

□子ども一人一人が単元を見通して学びが進められている。

□何のためにこの学びをしているのか共有し，STEP 3 までにこの学びの良さを実感し，子ども自身が成長を感じている。

この状態になったと判断したら，週計画を子どもたちに配付します。子どもたちは単元進度表を見ながら，課題の目安を確認し，週計画を立てます。

このSTEP1からSTEP4までの一連の流れは，『流動型「学び合い」の授業づくり』（高橋尚幸　小学館）を参考にしています。

　高橋さんの実践では，年間を通して子どもたちが1時間，複数時間，単元と範囲を広げた『学び合い』の実践を進めていく中で，自立した成長を遂げています。

　今回提案している「ブロックアワー」へのSTEPも一つ一つ丁寧に進めていくようにしましょう。

　もちろん，STEP4からSTEP3に立ち戻るなどしてもOKです。子ども一人一人が自立して学びを進めていくことができるように，どのSTEPが適切なのか判断しながらチャレンジしていきましょう。また，次のステップに進んで良いか子どもと確認してもいいでしょう。

「学びのバランス」と
「かしこいワード」

　STEP 3 ・STEP 4 の段階で，「学びのバランスの重要性」や「互いに聴き合える『かしこいワード』」についても子どもたちに紹介します。

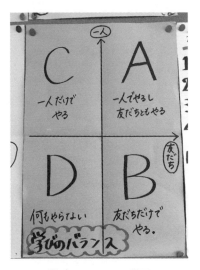

学びのバランスの掲示

　「学びのバランス」では，「何もやらない」「一人だけでやる」「一人でやるし友達ともやる」「友達だけでやる」の4種類の学び方について紹介します。

● **振り返りの視点**

自分の学び方はどうだった？

自分に合った学び方どれだろう？

● **子どもの振り返り例**

「私は算数が得意ではないので友達とやる。社会は得意で集中してやりたいので一人だけでやる。学び方を教科によって変えると集中力が変わる。」

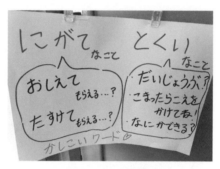

かしこいワードの掲示
（「かしこいワード」という実践は，札幌市教員の古田直之先生の
「かしこい言葉」という実践を使わせていただいたものです。）

自分が苦手なことは何か，得意なことは何かを分析しながら，友達同士で使うことで互いに学習を進めていくことができる言葉を「かしこいワード」として紹介します。

自分が得意なことは，「大丈夫？」「こまったら声をかけてね！」「何かできる？」を使うこと，自分が苦手だと感じることは，「教えてもらえる？」「助けてもらえる？」を使うことを紹介します。

● **振り返り例**

　文章を書く時に，「かしこいワード」を使うとどんな感じだった？　何か変わったかな？

● **子どもの振り返り例**

　「かしこいワードを使うことで，自分から友達に聞きやすい雰囲気になった。自分が困った時に聞けて嬉しい。」

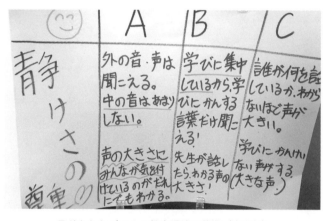

子どもたちがつくる教室環境の基準（高学年）

　上の写真のように教室環境の基準を子どもとつくったこともありました。ブロックアワーを行った際に，「教室の静けさはどんな感じなのか？」や「静かであることが，自分たちにとってどう良くなるのか？」などを振り返ります。静けさある教室環境を互いに尊重し合ってつくることにも，ぜひチャレンジしていきましょう。

どうやって学年で
進めてきたのですか？

　ブロックアワーの様子を参観しに来る先生方に，「どうやって学年でこの学びを進めてきたのですか？　この取り組みをしようと思うと，反対されそうで不安です。」と言われることがあります。私が５年生の学年主任だったころのエピソードです。

　一緒に組んだのは，成田先生と田村先生の２人でした。春先の２人をよく見ると，とても信頼関係がある様子でした。私がいきなり２人に「ブロックアワーやってね。」と押しつけるのではなく，「やってみたい。」と２人が選択することを大事にしたいと思いました。

　□学級づくり，教材準備は全て私が作成すること
　□授業や遊びのモデルをいつでも公開すること
　□信頼関係を大事にすること

　若い先生にとって新しいことをする際に，教材をつくること，授業モデルを学ぶことは心理的な負担となります。それを減らすようにしました。

　また，「成田先生，今日の授業ではこうやって週計画を

立てたよ。この教材の使い方はこうしてね。田村先生に,話をしといてね。」という連絡の仕方をしていました。

　すると,２人は職員室で「岩本先生が,こうやって言っていてさ……。」と対話が始まります。翌日２人に会うと,「岩本先生,子どもがゴールにする社会科のレポートのお手本をつくってみました。」と誇らしげに話をしてくれる成田先生。「今日は,紹介していただいた遊びをしました。遊びが失敗しても子ども同士で励まし合っていました。」とチャレンジした授業の報告をしてくれる田村先生。いつも２人には「私のレベルを超えてくるな～。悔しいよ。本当にすごい。」と伝えていました。意図して言っているのではなく,本当に心から思っていました。

　学校が始まって２ヶ月後のことでした。「そろそろ私もブロックアワーをやってみようかな。」と話す田村先生。「う～ん。やれるかな。う～ん。やっちゃいましょうか。」と笑顔で応えた成田先生。「よし。」と２人。信頼関係のある２人の「ブロックアワー」がスタートしていきました。決めたとなると一気に進んでいきました。週計画づくり,単元進度表,授業の導入の工夫など,成田先生,田村先生オリジナルの「ブロックアワー」が行われるようになりました。うまくいかないことがあると,２人は互いに相談し合っていました。気がつくと,３クラスとも「ブロックアワー」が取り組めるようになっていました。２人の信頼関係が学年でのブロックアワーの始まりだったのです。

第 5 章

インストラクションの
始め方

インストラクションの意義や目的

インストラクションとは何なのか，同じ自治体の教職員からも，単元内自由進度学習やブロックアワーを進めていく際に「インストラクションが難しい。」や「インストラクションってそもそも何なのだろう？　横文字で分かりづらい。」と言われることが多々あります。

そんな時に私は，「これまでの一斉授業で大事にしてきたことを生かしていきましょう。一斉授業の導入や，机間巡視の中でこれまで私たちが行ってきたことです。これまで通りにやってきた経験を踏まえて行えば大丈夫ですよ。」と笑顔で答えるようにしています。

インストラクションとは，子どもが学習する動機づけを大きく高める【説明】のことです。『一斉授業10の原理・100の原則』（堀裕嗣　学事出版）には，指導言について次のように分かりやすくまとめられています。

【説明】授業のフレームや，〈指示〉〈発問〉の前提を
　　　　つくる指導言
【指示】子どもたちの行動に働きかける指導言
【発問】子どもたちの思考に働きかける指導言

教師のインストラクションが子どもたちの土台として機能しないと，教師の【指示】【発問】が機能せず，子ども自身が週計画や単元進度表を読んで学びを進めることが難しくなると言えます。逆に，機能すれば，これらの活動をスムーズに進めることができるようになります。

　インストラクションがうまくいかないと以下のような言葉が子どもから出てきます。

　「どうしてこの勉強をしなきゃいけないのかな？　やる気が出てこないです。」

　「とりあえず，やらされている感じがして，嫌だ。」

　「何のためにこれを学んでいるのだろう。おもしろくない。」

　こういった言葉が出てくる場合は，教師のインストラクションが子どもにうまく伝わっていない状態と言えます。このような状態にならないためにも，教師は学習はじめのインストラクションを丁寧に行うように心がけましょう。

　次のページからは，インストラクションで私がこれまで大事にしてきたことを紹介します。

インストラクションで大事にする
4つの「は」っきり伝えること

　インストラクションを行う際には，何を大事にすれば良いでしょうか。私は4つの「は」っきり伝えることを大事にして行ってきました。（いきなり標語みたいですね……汗）

　以下の4つの「は」っきり伝えることを大事にします。

---

①学ぶ意味や価値を「は」っきり伝えること
②単元進度表の目的や内容を「は」っきり伝えること
③辿り着くべきゴールを「は」っきり伝えること
④子どもの成長への願いを「は」っきり伝えること

 学ぶ意味や価値をはっきり伝える

　1つ目は，「学ぶ意味や価値をはっきり伝えること」です。単元のスタートに「この学びは私の生活の何につながるのだろうか。」「この学びによって私はどんな技能を身につけることになるのだろうか。」に対して，教師がはっきりとその価値を伝えるようにしましょう。学ぶ意味や価値がしっかりと理解できると一気にやる気は高まります！

2 単元進度表の目的や内容をはっきり伝える

2つ目は,「単元進度表の目的や内容をはっきり伝えること」です。単元進度表の構成を一つ一つ子どもと確認するようにします。

「○○という知識や技能を習得する構成です。」

「○○という知識や技能を活用していく構成です。」

「○○を学んで,自ら問いを立てて探究活動をしていく構成です。」

単元進度表の構成を伝えることで見通しをもつことができるようになります。また,なぜこのような構成をしているのかも子どもたちへ伝えるようにしています。まずは,教師自身が単元進度表について,どの教科においても「知識や技術を身につけること」「知識や技術を活用すること」「学んだことに対して,自ら問いを立てて探究すること」のどの構成なのかを意識しておくことが大切です。

ここを怠ってしまうと,子ども自身がどんな目的でどの手順で学びを進めていくか見通しがもてなくなってしまいます。

最初のうちは,単元進度表の学習目標を確認して,子どもと一緒に教科書を開いたり,ドリルで行うべきところを見て見通しを確認したりすることも忘れないようにしましょう。

3 辿り着くべきゴールをはっきり伝える

　3つ目は,「辿り着くべきゴールをはっきり伝えること」です。子どもにどこまで辿り着けば良いのかについてはっきりと伝えます。ルーブリックを提示して確認します。

　さらに,教師や子どもがあらかじめ作成したゴールを実際に目の前で示します。

　これらのことを通して,どこに到達するのかをはっきりとすることで,子どもがその到達するゴールに向かって意欲的に取り組めるようになります。

4 子どもの成長への願いをはっきり伝える

　4つ目は,「子どもの成長への願いをはっきり伝えること」です。いざ学習を進めていこうと思っても,「なんだか難しそうなチャレンジだ。」「私の苦手なことだから,これをするのは難しいと思うな。」となかなか自信がもてない子どももいます。

　「大丈夫。きっとできるようになるからやってみよう。」「心配なことがあれば,教えてください。きっと助けるから。」「これができるようになったら,大人になってからきっと役に立つ。」と常に子どものやる気が高まる言葉がけをしましょう。

03

教師主体で行うインストラクション

　子どもがワクワクするインストラクションを行う上で大事な4つの「は」についてお伝えしても，「もっと具体例を示してほしい。初心者が進めていく上で，子どもがワクワクするインストラクションを知りたい。」と質問を受けることがよくあります。

　そこで，実際にどんなことをしているのか，いくつか例を示したいと思います。私は，「実物を見せる」「レポートをまとめる」「プレゼンを示す」「フィールドワークや体験活動を行う」「カードゲームをする」などがシンプルで取り組みやすいと思っています。

① 実物を見せてワクワクするインストラクション

　以下は，私が5年生の担任をしていた際に，社会科の授業で子どもたちに教室で見せたことがあるものです。

　さとうきび（沖縄県の農業），とうもろこし（北海道の農業），レタス（長野県の農業），大漁旗のレプリカ（水産工業），稲の苗（農業），自動車の運転シート・シートベルト（自動車工業），眼鏡（福井県の伝

統工業），洋食器（新潟県の伝統工業），電子カルテの
サンプルデータ（情報産業）などなど。

　続いて，6年生の担任をしていた際に，社会科の授業で
子どもたちに教室で見せたことがあるものもいくつか紹介
します。

　竪穴住居のミニチュア（縄文時代），石包丁（弥生
時代），てつはうのレプリカ（鎌倉時代），けまり用の
球（平安時代），自分で実際にやってみた生け花（室
町時代），火縄銃のお手製レプリカ，段ボールでつく
ってみた甲冑（安土桃山時代）などなど。

　自分自身が人からもらったり，借りたりした実物や，自
分でつくってみたレプリカなどを見せました。実物の魅力
は，子どもがワクワクするきっかけになることです。また，
レプリカを見せると，目を輝かせてつくってみたいという
気持ちになり，その文化物の歴史や造りを調べる子どもが
出てきます。「学ぶ意味や価値をはっきりする」上で有効
な手立てになります。ぜひ実物を集めたり，レプリカづく
りをしたりしましょう。

　インストラクションでは，子ども一人一人に教師やこれ
まで担任してきた子どもが作成したレポートのコピーを配
付して，辿り着きたいゴールをはっきりと示します。

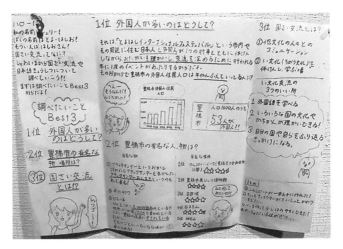

子どもが作成したレポート

　左の欄には「みなさんは，○○を知っていますか。私は
○○について〜だと思います。」のようなオリエンテーシ
ョンとなる文と，「調べたいこと Best 3」をまとめます。

　真ん中の欄には，左の欄でつくった「調べたいこと
Best 3」の中から 2 つを解決します。

　右の欄で残りの 1 つを解決します。最後には，自分の考
えをまとめます。

　時には，「名探偵レポート」と称して，「君たちは名探偵
です。今回のテーマは，『○○』だ！」と謎解きのような
場づくりを行って，レポートづくりに挑戦したこともあり
ました。どの単元でも行うことのできるインストラクショ
ンです。

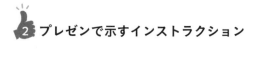

2 プレゼンで示すインストラクション

　5年生の国語では「まんがの方法」（教育出版）という単元があります。この単元では，まんがの技法の工夫を理解し，まんがに対する自分の考えについてまとめます。私が好きなまんがの技法について調べてスライド資料にまとめ，インストラクションをしたこともあります。辿り着きたいゴールをはっきりと示しました。

「漫画家の技を探る」

はじめに・・・これを選んだ動機

柱1 「技の種類が豊富」

柱2 「キャラクターの変化」

柱3 「メカニックへのこだわり」

おわりに・・・私の考え

インストラクションで使ったスライド資料例

前のページの写真のようにプレゼンの流れを示したり，型のデータも配付したりして取り組みやすいようにします。そして，「自分のお気に入りのまんがを探して，まんがの技発見プレゼン資料づくりをしよう。」と伝えます。

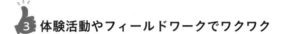 3 体験活動やフィールドワークでワクワク

　算数では，その学習内容と関連づけるカードゲームを行っています。また，社会科では，学区の歴史と各種時代の歴史を分類するためのフィールドワークに出かけることもあります。子どもがワクワクする活動を行ってきました。このような体験活動やフィールドワークを通して，子どもたちの中で学ぶ意味や価値がはっきりするようになります。

04

子ども主体で行う
ワクワクするインストラクション

 劇でワクワクするインストラクション

劇① 〈私たち，跳び箱レンジャー〉

　「私たちは，跳び箱レンジャー！　今から技の紹介
をします！」

　「黄色レンジャー参上！　今から台上前転をやりま
す。えい！」

　「（技が決まった後に）台上前転のポイントは〜で
す。」

　この後，首はね跳び，横跳びなどを各レンジャーが
行いました。

劇② 〈元と武士はこうやって戦をしてきた !?〉

　「やあやあ，我こそは尾張国の赤星村に住む。前田
心右衛門と申す。」

　「やあやあ，我こそは三河の国の栄村に住む。横井
門左衛門と申す。」

　「このように鎌倉時代の武士たちは，互いに名乗り

合って一騎打ちをしていました。一方で，元軍は
……。」

　この後，武士が元軍との戦いで苦労した様子が劇で
行われました。

　ここでは，劇①・②の一場面を紹介しましたが，子ども
たちに有志を募って，一緒に台本を書いた劇でインストラ
クションを行うこともありました。

ワークショップ型係活動でワクワク

　第3章でも紹介したワークショップ型係活動で，数学者
係に算数動画をつくってもらったり，科学者係が静電気体
験を行ったりしました。

　子どもに劇を依頼したり，係活動を活用したりするイン
ストラクションを行うことで互いのやる気を高めていくこ
ともおすすめです。

05

教科書活用型インストラクション

インストラクションの具体例をいくつか示しましたが，ここで紹介する教科書活用型インストラクションを一番のおすすめにしています。このインストラクションを考えることで，単元進度表づくりも非常に明確になります。また，教科書活用型インストラクションを深めれば深めるほど，先ほど紹介した数々のインストラクションの具体例がより活性化していくと考えます。

私は，教職大学院に在籍していた時や様々なセミナーで愛知教育大学の鈴木健二先生から教科書を活用する授業づくりについて学んできました。これまで学んできたことをもとにお伝えしたいと思います。

また，今回紹介する教科書活用型インストラクションは，鈴木健二先生の著書『思考のスイッチを入れる授業の基礎・基本』（日本標準）や『授業総合診療医ドクター鈴木の新人教師の授業診断』（明治図書）を参考にしています。

鈴木健二先生は「教科書の何がおもしろいですか？」とよく問いかけています。「教科書のおもしろさを見つけることで，授業がおもしろくなる。」と述べています。

鈴木健二先生と出会うまでは，私自身も「教科書どおり

の授業っておもしろくないよな。」と思うことが多かったです。むしろ教科書を使わないようにできることはないだろうかと考えることが多かったです。そのためにオリジナルのワークシートをつくったり，教材をつくったりしてきました。

　鈴木健二先生の教科書がおもしろくなる考えを学んだ時に私のマインドセットは大きく変わりました。

　私自身が何千回も教科書どおりのおもしろくない授業を体験してきたことで，「教科書どおりの授業はおもしろくない。」というマインドセットが根底にあったことに気づいたのです。

　今では「どんなインストラクションをすれば良いでしょうか？」と聞かれた時には，「教科書を持ってきてください。教科書のおもしろいところを一緒に探しませんか？」と答えるようにしています。教科書活用型のインストラクションを基本と位置づけ，そこからオリジナルのインストラクションをつくることができるようになっていくのではないかと思っています。

1 教科書活用型インストラクションのポイント

　教科書活用型インストラクラクションを進めていく際には，以下のポイントを大事にしましょう。

□教科書の何がおもしろいのかを発見することが，教材研究の最大のポイントとして捉える

□教科書研究の基本的なステップを大事にする

STEP 1　構成要素を見抜く

STEP 2　構成要素を意味づける

STEP 3　構成要素を関連づける

2 教科書活用型インストラクションの流れ

　教科書がおもしろくなる考えを生かしたインストラクション「教科書活用型インストラクション」を私が実際に行う時の流れを STEP 1 〜 3 でご紹介したいと思います。

　今回は，東京書籍「新しい社会 5 下」（令和 4 年発行）の pp.124-125 の「環境を守るわたしたち」を教材にして考えます。

● STEP 1　構成要素を見抜く

　次のページのように教科書に出てくる見出し，写真，イラスト，キャラクター，グラフ，図などを細かく分けます。細かく分けてみることでインストラクションをする際にどこを扱えば良いのかに気づくことができるようになります。このようにして，構成要素を見抜きます。

それぞれの構成要素は互いに関わり合っていることが多いので，それを発見していくおもしろさがあります。

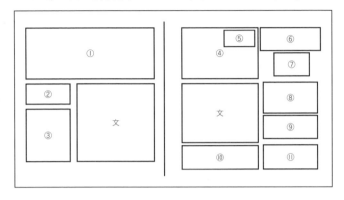

①市民のいこいの場となっている鴨川の写真

②めあて

③京都の地図

④昔のよごれた鴨川の写真

⑤ドラえもんの問いかけ

⑥ゆばづくりの写真

⑦鴨川と周辺の川の流れの図

⑧鴨川における BOD の値の変化のグラフ

⑨ BOD の用語の解説

⑩学習問題

⑪調べること

教科書の構成要素を見抜いてみると……

● STEP 2 　構成要素を意味づける

　STEP 2 では自分なりの「なぜ」を繰り返す中で，その意味を調べていきます。この繰り返しをすることが本当に楽しいです。「なぜゆばづくりの写真があるのだろうか」「なぜドラえもんはタイムマシンに乗って『いつから川はきれいになったのかな。』と言っているのだろうか」「なぜ鴨川は市民のいこいの場になっているのだろうか」これらのなぜに対して自分で調べて自分なりの意味を見つけます。

● STEP 3 　構成要素を関連づける

　STEP 3 では構成要素の発見を関連づけてインストラクションをつくっていきます。

　最初に，鴨川の今と昔の写真を示して違いや気づいたことについて考えます。また，鴨川の場所などを確認します（私は，実際に鴨川で遊んできた写真を追加で見せました）。

　続いて，「鴨川における BOD の値の変化のグラフ」を読み取ります。

　最後に，ドラえもんがタイムマシンに乗っている写真だけを提示して，「ドラえもんはタイムマシンに乗ってどんな問題を解決したいのでしょうか。」と問いかけ，学習問題づくりを行います。学習問題の共有を行ってインストラクションを終えます（この時にドラえもんに関連する音楽を流しておくとかなり盛り上がります♪）。

3 子ども主体の教科書活用型インストラクション

　前ページで紹介したように，社会では教科書のドラえもんのイラストを活用したため，最後にレポートにまとめる際にもドラえもんのタイムマシンのイラストに吹き出しをつけて自分の考えをまとめる子が多くいました。

　教科書活用型のインストラクションを何度も行っていくと，子ども自身が「構成要素を見抜く」「構成要素を意味づける」「構成要素を関連づける」のステップでインストラクションづくりができるようになっていきます。

　算数における教科書活用型インストラクションは次のように進めていきました。

　啓林館「わくわく算数3下」（令和4年発行）のpp.36-37の「式と計算」には，「子ども6人と机の上にジュース6本，みかん6こ」がのっているイラストが掲載されています。

　このイラストをもとに，「どんな問題が出されそうですか？」と問いかけて，ワクワクしながら問題を考えていきました。このページにはよく見るとイルカのイラストに「まとまりを考えて」と書かれています。

　「ジュースの合計とみかんの合計を求めてから代金を考えるのかな？」

　「ジュースとみかんで1組にした値段から代金を考えるのかな？」

と問題を予想した後，主体的に学習を進められました。

　これは私が担任した6年生が3年生に向けて行った算数の教科書活用型インストラクションです。6年生と3年生が交流する機会があり，3年生の担任から算数のインストラクションの依頼があったのです。

　このように教科書を活用すると，子どもの力でインストラクションを行う力も育まれていきます。

　「先生，次の単元って『速さ』の勉強だね。教科書のこのイラストを使うとおもしろいよ。」などと話しかけてくれるようになります。

　「教科書は，目の前の子どもたちに合わない。」と思い込むのではなく，教師自身が教科書をおもしろがるという感性を磨くことで，子どもの感性も磨かれていくように思います。ぜひみなさんも，教科書をおもしろがってみましょう。きっと新たな発見がたくさんあるはずです。

第 6 章

子ども一人一人への
目の向け方

01
子どもを見る解像度を高める

　イエナプランの20の原則 I では，「どんな人も，世界に
たった一人しかいない人です。つまり，どの子どももどの
大人も一人一人がほかの人や物によっては取り替えること
のできない，かけがえのない価値を持っています。」とさ
れています。また，原則 2 では「どの人も自分らしく成長
していく権利を持っています。自分らしく成長する，とい
うのは，次のようなことを前提にしています。つまり，誰
からも影響を受けずに独立していること，自分自身で自分
の頭を使ってものごとについて判断する気持ちを持てるこ
と，創造的な態度，人と人との関係について正しいものを
求めようとする姿勢です。自分らしく成長していく権利は，
人種や国籍，性別，（同性愛であるとか異性愛であるなど
の）その人が持っている性的な傾向，生まれついた社会的
な背景，宗教や信条，または，何らかの障害を持っている
かどうかなどによって絶対に左右されるものであってはな
りません。」とされています。
　「目の前にいる子どものかけがえのない価値とは何か。」
　「目の前にいる子どもの自分らしく成長するとは何か。」
私は，原則 I と原則 2 を読み，子どもたち一人一人にある
「かけがえのない価値」や「自分らしい成長」をともにつ

くっていきたいと思っています。それは日常生活からかもしれません。教科学習からかもしれません。その場面は本当に様々だと思っています。

1 解像度を高めることが大事

では，具体的に「かけがえのない価値」「自分らしい成長」を見つけていくにはどうしたらよいでしょうか。

私は自分自身の「解像度を高めること」が大事だと思っています。子どもの「かけがえのない価値」「自分らしい成長」を細部までえがくことができるようになることです。

『解像度を上げる』（馬田隆明　英治出版）を参考にしています。

解像度が低いと子どもの姿がぼんやりしてしまい，あいまいになります。

逆に解像度が高いと，子どもの姿がくっきりとして，明確になります。

ブロックアワーのように，教科もバラバラ，進度もバラバラの場合には，教師は解像度を高くして一人一人の子どもの様子を見取る必要があります。つまり，解像度を上げる力を教師は高めねばならないということです。

解像度を高くすることを図解化すると次のページのようになります（馬田隆明さんの著書を参考に筆者が作成）。

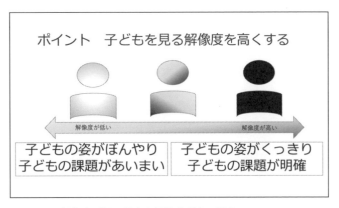

解像度が低い場合と解像度が高い場合について

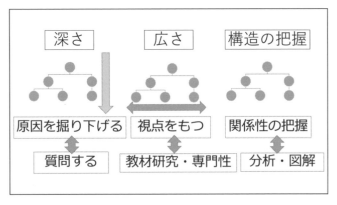

解像度を高めるために大事なこととは

教師が解像度をどうやって高めるのか

　馬田隆明さんは，解像度を高める視点をいくつか紹介しています。その中で私は，「深さ」「広さ」「構造の把握」の3つの視点を参考にしています。

　「深さとは，1つの現象をどこまで深く掘り下げているか。」

　「広さとは，どれだけ広く原因や要因を把握しているか。異なるアプローチや視点が検討されているか。」

　「構造の把握とは，原因や要因の構造，関係性，それぞれの相対的な重要性などを適切に把握しているか。また，分け方が洞察につながっているか。」

　「深さ」の視点では，子どもの一人一人の価値を見つけるために教師は「今どんな感じかな？」「何をやりたいと思っている？」「具体的に言うと？」などと質問をしながら，子どもの学ぶ内容について一人一人に声をかけて掘り下げていく必要があります。

　「広さ」の視点では，教材研究をすることや，専門性を高めることで広い視点を教師がもつようにすることです。例えば，算数の専門性を高めていけば，わり算の筆算で困っている子どもに対して「立てる」「かける」「ひく」「おろす」手順のどの点に助言をすれば良いのか，どの手立てを行えば良いのかを考えることができます。

「構造の把握」という視点では，思考ツールを活用して，教師が分析したり，図解化したりします。以下は簡単ではありますが，構造の把握の例です。

> 「○○さんは，算数の平均の計算を求めることが得意だな。ということは，理科のふりこの１往復の時間を求める時に平均の計算をして活躍することができそうだな。やっぱり，理科の時間は率先して計算をして大活躍できていたぞ。△△さんも『○○さんが計算している様子を見て，『平均のやり方が確認できた。ありがとう。』って喜んでいた。」と教師が子どもの姿を明確に把握できるようになります。

私は，ブロックアワーの時のみならず，日常生活においても解像度を高めるために，以下のようなことを大事にしています。ぜひ参考にしてみてください。

> □「深さ」をつくるために，一人一人に「何をしているの？」「もっと具体的に教えて」と質問をする。質問した内容を記録にする。
> □「広さ」をつくるために，教材研究で視野を広げる。
> □「構造の把握」をするために，一人一人の子どもの記録を図解化する（図解化はロイロノート・Jamboard などがおすすめです）

ブロックアワー導入期の取り組み

　ブロックアワー導入期に解像度を高めるために，子ども一人一人の学習の進み具合を把握するパターンをご紹介します。名簿にその週の課題を書いて課題が終わったら子どもはシールを貼ってもらうパターン，黒板に取り組むべき課題の項目をチョークで書いて自分が取り組む課題に対して名前カードを貼るようにしてもらうパターンの2つです。1週間から2週間はとても有効な手立てであると思います。

　ただし，進度差により不安を感じる子どももいますので，教師が学習の進み具合を把握できたと思ったら行わないようにしましょう。なぜなら，慣れてくると，素早くシールを貼ることや名前カードを移動させることに対して子ども間で競争が生まれてしまうからです。

　競争が生まれてしまった時に，私は「名簿や黒板を使って学習の進み具合を把握するのは，先生にとっては便利だけど，これを行うことで本当はどんな気持ちだった？」と問いかけました。すると，「名簿に貼らなくても，進み具合は分かる。」や「名簿に貼りに行くと，自分の進み具合が遅い時に不安になる。あと，自分だけやれていないと思うと嫌だ。」という声が出てきました。

　さらに「先生も僕らの勉強の進み具合は分かってきてい

ると思うから必要ないよね。」「私は週計画や単元進度表で自分のペースが分かっているから名簿がなくても大丈夫だよ。」「○○さんが不安な気持ちは、よく分かるよ。そんな時は相談してよ。」と対話が進んでいきました。

　この対話が生まれた時に、「名簿は、先生がみんなの進み具合がよく分からなくて不安だったから使っていました。先生の不安が、友達との競争になったり、取り残されたりしているような気持ちにつながったかもしれないね。名簿はやめよう。」と話しました。

　この対話後は、「自分で進捗状況を管理する」という意識が高まり、より自立した学び手へと変容していきました。何のために何を大事にするのか考えさせられました。

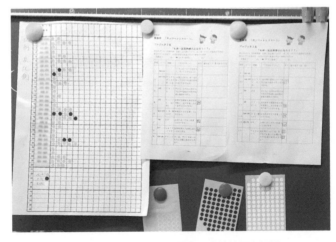

名簿にシールを貼って、課題の進捗状況を把握

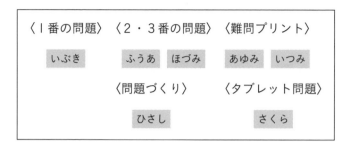

〈１番の問題〉　〈２・３番の問題〉　〈難問プリント〉

いぶき　　　ふうあ　ほづみ　　　あゆみ　いつみ

〈問題づくり〉　　　〈タブレット問題〉

ひさし　　　　　　さくら

黒板に名前カードを貼って課題を把握

　また，一人一人の子どもを見取っていく上で，ブロック
アワーの始まりと半ばに「子どもがこの時間にどんな目標
をもっているのか。」「子どもは目標に対して，どのような
方法で向かっていこうとしているのか。」「子どもはどんな
気持ちで取り組んでいるのだろうか。」という視点で子ど
もを見取ることを大事にしていました。

　この視点で見取ると，「あの子は雲の種類の違いを分か
りたいと思っているな。」と捉えつつ，「今日は，あの子は
窓から雲を観察したり，雲の図鑑を読んだりしているな。」
と見取ります。しかし，授業の途中で「ん，何か表情が困
っているぞ。調べてみたけど見つからないのかな。新たな
雲の資料を紹介してみよう。」と介入することもできるよ
うになります。視点をもってブロックアワーの時間を過ご
すことで子どもの姿の解像度はより高まります。

日々の振り返りで
一人一人の解像度を高める

　ここまででご紹介してきたこと以外にも，一人一人の解像度を高めるために私が行ってきた具体的な取り組みをさらに３つご紹介します。やれそうなことからチャレンジしてください。

その１
学級通信で一人の子に焦点をあてた記事を書く

　私は学級通信で，一人の子に焦点をあて，ブロックアワーや日常生活の様子を小説のように書き，クラス全員に配付して通信の感想を交流するようにしていました。

その２
振り返りの記録を信頼する相手に読んでもらう

　振り返りの記録を毎日書くようにしていました。子ども２人分を15分〜20分で，その日・その週にあった子どもの出来事や気持ち，私の気持ち，今後どうするかについてを振り返りの記録として日記にします。そして，その日記を親友に読んでもらい，「励まし」「もっと聴きたいこと」

「不安に感じたこと」の視点で簡単に返事をしてもらっていました。

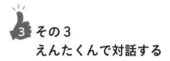

3 その3
えんたくんで対話する

えんたくんを使って，その日・その週にあった子どもの出来事や気持ち・私の気持ち・今後どうするかについての話を同僚に聞いてもらっていました。週に一度，えんたくんに書き残したメモをもとに対話し，最後は写真に撮って記録に残しました。

子ども一人一人の価値や成長している様子を日々地道に書いたり聴いたりすることで，解像度を高めることができます。

スポーツで解像度を
高めることを学ぶ

　「先生は，みんなに同じシュートフォーム，パス，ドリブルをやらせたがる。私には私のシュートがあります。」教師になって5年目のことです。当時教えていた女子バスケットボール部の子どもの日記に書かれていたことです。

　この日記を見た後，彼女のシュート練習を見ると，ある一定の位置から3分間シュートを打つと，50本も入っていました。思わずハッとしました。「私には私のシュートがある。もっと私を見てほしい。」そこから私の考え方は変わりました。私の理想のバスケットボールのやり方を子どもに押しつけ，子どもをよく見ていなかったことに気づいたのです。それから，選手の性格，シュートの打ち方，パスやドリブルの仕方，得意なプレイ，チームとしての戦術を日々記録するようにしました。子ども一人一人の記録です。「左45度からドリブルをしてレイアップシュートが得意。」「緩急をつけたドリブルをして左側から相手を抜くのが上手。」などの記録です。私自身が一人一人の子どもを解像度が高い状態で見られるようになりました。「私のことをよく見てくれる。先生は変わった。」と彼女の日記に書かれていました。

ブロックアワーを取り入れた
授業例

01
ブロックアワーを取り入れた
国語の授業例

 1 ブロックアワーを国語で取り入れるポイント

　本節では，国語の物語文を学ぶ単元進度表を中心にご紹介をします。「物語文をブロックアワーで行うのは難しいです。どんなことを意識していますか。」という質問を受けることが多いからです。

　私は，インストラクションでよく読み聞かせをしながら一緒に読解を行っています。

　そして，本の帯づくり，説明書づくり，スピーチ，ポップアップカードづくり，討論会などの子どもが学ぶ意義をもてるゴールを設定した単元進度表の構成にしています。

　また，最後には物語の主題に迫る意見文を一人一人がまとめ，活動だけにならないようにしています。

　物語文のみならず，説明文でも同様に行うことができると思いますので，ぜひチャレンジしてみてください。

2 **4年国語の単元進度表　プロジェクト名**
「ごんぎつねの物語にひたろう」

ごんぎつねの物語にひたろう

単元のゴール（学習内容）
・場面のうつりかわりについて読み取ることができる。
・登場人物の気持ちの変化について読み取ることができる。
・読み取ったことをふまえて，ごんぎつねの物語の良さを伝えることができる。

時間	今日のゴール	音読	振り返り・クイズ
1☆	**インストラクション** 「ごんぎつね」の読み聞かせで不思議に思ったこと，心に残ったことをまとめよう。	1〜6の場面	登場人物は？
2☆	1の場面を手がかりにして，ごん，兵十の人物像をつかむ。	1・2・3の場面	作者の名前は？
3☆ 4☆	1・2・3場面において「ごんの気持ちがわかる表現・自分が考えたこと」をまとめる。	4・5・6の場面	
4☆ 5☆	4・5・6場面において「ごんの気持ちがわかる表現・自分が考えたこと」をまとめる。	1〜6の場面	
6 7	はじめとおわりの場面をくらべて，ごんに対する兵十の気持ちの変化を考える。180字〜200字以内で作文にしてまとめる。	1〜6の場面	参考になった友達は？
8☆	ごんと兵十の心はつながっているのかについてみんなで話し合う。		
9 10☆	「ごんぎつね」のまとめを行う。ポスター・レポート・本の帯など→交流 探　究 [新美南吉の作品を読書→イラスト読み]		何でまとめを行いますか？

「ごんぎつねの物語にひたろう」
3 **単元進度表の作成ポイント**

【国語：ごんぎつね】のルーブリック

国語 ごんぎつね	3	2	1
単元進度表	◎○△で自己評価＋感想を書いている。	◎○△で自己評価をしている。	チェックしていない。
読み取る力 （ノート）	「ごんと兵十はわかり合えたのか」について，自分の考えを理由も合わせて書くことができる。	・ごんや兵十の気持ちの変化が分かる。 ・場面のうつりかわりが分かる。	読み取れず，ノートに書くことができない。
ポスター レポート 本の帯	2の内容に加えて ・新美南吉の他の作品も読んだ。 ・読み手におもしろさが伝わる作品になっている。	読み取った内容をもとに，ごんぎつねの物語の主題や心に残る場面をポスターやレポート，本の帯にまとめる。	まとめの作品をつくっていない。

● **ポイント1：読み聞かせ・ルーブリックの提示**

　単元進度表の☆マークの部分1～5時間目は一斉指導を中心に行います。最初の時間は，サークル対話で「ごんぎつね」の読み聞かせを行います。その後は，場面ごとに1時間ずつ丁寧に「ごんの気持ち」と「自分が考えたこと」をまとめます。6時間目に上記のルーブリックを提示して，この単元の評価を共有します。

● **ポイント2：意見文・まとめ課題・探究課題を示す**

　ルーブリックを提示した際に，教師が作成した「ごんぎ

つね」の主題を伝える本の帯を示します。また，教室には作者である新美南吉さんの作品コーナーを設置し，「ごんぎつね」以外の作品も探究できる課題を用意します。物語文の冒頭部分は丁寧に一斉指導で学ぶことを私は大事にしています。物語文のおもしろさを共有した後に，まとめ課題・探究の課題を提示することで子どもたちが自己決定・自己選択して学びを進めていけるようにしましょう。

 4　5 年国語の単元進度表　プロジェクト名
　　「大造じいさんとがんを読む〜山場はどこだ !?〜」

大造じいさんとがんを読む
〜山場はどこだ !?〜

単元のゴール（学習内容）
・「大造じいさんとがん」を読むことを通して，物語の全体像を
　捉え，山場の場面を見つけることができる。
・「大造じいさんとがん」を読むことを通して，物語の描写とそ
　の効果，大造じいさんの心情の変化を見つけることができる。

時間	音読	漢字	今日のゴール	理解度
1☆	完了		**インストラクション　読み聞かせ** 「山場」とは何だろう。	
2☆ 3☆ 4☆	完了		大造じいさんのとった「方法・できごと」 と「心情」について，1・2・3の場面ご とに整理することができる。	
5☆	完了		おとりのがんがはやぶさにおそわれた時の 大造じいさんと残雪の様子をまとめること ができる。	

6	完了	物語の情景描写とその効果について例を生かして、まとめる。	
7	完了	この物語の「山場」を見つけ、その理由をまとめることができる。 双括型で180字以上200字以内。	
8☆	みんな	<u>学級討論「この物語の山場はどこだ!?」</u> [振り返り] ①討論に向けて ・意見・理由をもって参加できたし、自分の意見もみんなに伝えられた◎ ・意見・理由をもって参加できた○ ・意見をもたずに参加した△ ②聞く姿勢 ・他の人の意見を聞いた上で、山場が分かった＋新たな発見があった◎ ・他の人の意見も聞いた上で、山場が分かった○ ・みんなの話を全く聞いていなかった△	
9	一人一人	大造じいさんの心情の変化にふれながら、その人物像について作文用紙1枚にまとめることができる。	

5 「大造じいさんとがんを読む」
単元進度表の作成ポイント

【国語：大造じいさんとがん】のルーブリック

国語 大造じいさんとがん	3	2	1
単元進度表	◎○△で自己評価。チェック忘れ0。	◎○△で自己評価をしている。 チェック忘れ1 やり残し2	チェックしていない。やり残しだらけ…。
山場の読み取り	話し合いの場で自分の考えを伝える。また，自分の考えをまとめることができた。	①人物の心情変化 ②情景描写とその効果 ③視点の変化 ①②③を意識して読み取り，山場を考える。	できていない。
意見文	人物像や主題について，ナンバリング，ラベリングを活用して意見文にまとめることができる。	・大造じいさんの人物像ついてとらえることができる。 ・物語の主題について考えることができる。	意見文がまとめられない。

● ポイント1：山場の意見文をあらかじめまとめる

　「大造じいさんとがん」では，「ごんぎつね」と同じように最初にサークル対話で読み聞かせを行います。「今回の物語文では，山場について読み取りたいと思います。山場とは，登場人物の気持ちが大きく変化したところのことです。まずは，みんなで場面ごとの読み取りをしたいと思います。次に，どこが山場かを学級で討論します。最後に，大造じいさんの人物像について一人一人が意見文をまとめます。」と伝えます。

● **ポイント2：意見文を自分のペースで書く**

　場面ごとの読み取りが終わった後に，「自分が考える山場についての意見文」と「学級討論後の意見文」の２つをブロックアワーの課題にします。子どもたちは，教科書を自分で読み深めたり，友達から意見を聞いたりしながら学級討論に向けて意見文を書きます。また，討論後は討論の内容を踏まえて意見文を書きます。一人一人が自分のペースでじっくりと意見文を書く姿が見られます。

 6年国語の単元進度表　プロジェクト名「自学ノートを楽しんで取り組もう」

自学ノートを楽しんで取り組もう

単元のゴール（学習内容）
・自学ノートを作成し，漢字学習の仕方，新聞の読み取りなどを楽しみながら行うことができる。
・新聞記事の構成を理解したり，新聞記事を意欲的に読み比べたりできるようになる。

時間	漢字ドリル	今日のゴール	自学ノートでチャレンジしたこと
1	5	**インストラクション**「自学ノートのつくり方」	（例）〈熟語クイズ〉私は熟語を学ぶのが好きなので，クイズにしてまとめたよ。
2	6	**インストラクション**新聞ノートづくりをしてみよう！	（例）私がチャレンジしたのは，「○○選手のひみつ」です!!　○○選手が金メダルを取れた理由を知って，私も体操クラブで頑張りたいことをノートにまとめました。

3	7	自学ノートづくり	
4	8	自学ノートづくり	
5	9	自学ノートづくり ＋ 作成してきた自学ノートをみんなで交流しよう。	

7 「自学ノートを楽しんで取り組もう」単元進度表の作成ポイント

● **ポイント1：自学ノートづくりのメニューについて**

ワークショップ型係活動とつながる自学ノートづくりを紹介します。子どもたちには，以下のようなメニューをあらかじめ紹介しました。

〈作家〉

作家は，自分で題材を探し，テーマをもとに物語・説明文などを書きます。下書き→修正→校正→出版という流れで行います。

〈漢字学者〉

漢字学者は，熟語クイズ，画数の多い漢字，同じ部首の漢字，視写（詩や物語や教科書を写す）を行います。

〈読書家〉

　読書家は，自分で選んだ本について以下のような形でまとめます。

クエスチョナー……読みながら疑問を書き，その疑問の考
　　　　　　　　　　えを書く

イラストレーター…心に残った場面を絵にする

自分と関連づける…自分がこの世界にいたら，自分はこう
　　　　　　　　　　思ったと考えて書く

予想する……………今後どうなるかについて予想する

あらすじ君…………本の内容をコンパクトにまとめる

〈歴史学者〉

　歴史学者は，社会の授業で学ぶ歴史だけでなく，その人物・事件の疑問を見つけて探していきます。

生き方探し………文章，マンガ，イラストで人物の言葉，
　　　　　　　　　出来事などをまとめる

歴史の謎を探る…自分で「なぜ○○なのか」という問いを
　　　　　　　　　立てて，謎を解決する

〈科学者・生物学者〉

　生き物のおもしろさを探る，自分が飼ってみたい，知ってみたい生き物の問いを解決していきます。

科学者・生物学者調べ…歴史的発見のひみつを探る

科学を探究する…………自分の「なぜ」を見つけて調べ
　　　　　　　　　　　　る・実験してみる

〈建築家・美術家〉

建築家…方眼紙・段ボール・木などを使って，設計計画→
　　　　建築を行う

美術家…絵画・造形作品をつくる。設定計画→作品づくり
　　　　を行う

〈数学者〉

難問挑戦者……発展問題を調べて挑戦する

問題づくり……問題をつくる（解答も）

動画サービス…分かりやすい問題の解き方の動画づくりを
　　　　　　　行う

● **ポイント２：自学ノート＋漢字学習＋新聞の読み取り**

　インストラクションでは，自学ノート「熟語クイズ」を行います。クラスのみんなで，熟語の読み方，意味に関するクイズをノートにまとめます。まとめた後は，名簿をもってできるだけ多くの友達と熟語クイズを出し合って遊びます。自学ノートを行うことで，自分だけの学びではなく，友達の学びにもなる体験を行います。

　また，新聞の記事をいくつか用意して，子どもたちが記事を選んで，その記事への感想を書く活動，新聞記事の構成の読み取りをする活動を行います。漢字学習と新聞学習を一年間定期的に行えるようにします。

　２時間インストラクションをした後，３〜５時間目は子どもたちに自学ノートづくりを任せていました。

● **ポイント3：ブロックアワーを行う際の選択肢に！！**

　「ブロックアワーを始めてみたが，早く課題が終わった子どもが遊んでしまう。」
といった相談を受けることがあります。

　私は，自学ノートを活用した「漢字学習」「新聞学習」「ワークショップ型係活動とつなげる自学ノートづくり」の3つの学びをブロックアワーの時間に子どもたちが自分の進度によって選択して学びを進められるようにしていました。「自学ノートづくり」で紹介したメニューはとても多いので，「漢字学習」「新聞学習」だけにするなど，みなさんがやりやすい範囲で行ってみてください。

ブロックアワーを取り入れた
社会の授業例

ブロックアワーを社会で取り入れるポイント

　本節では，社会科の単元進度表を３つのタイプに分けて
紹介しています。

①学習プリントを自分で進めながら，最後は自分でレポー
　トにまとめるタイプ。

②主に学習プリントで学びながら，ペアで深めたいテーマ
　に対するレポートをまとめるタイプ。

③テーマを選択して，グループでテーマへの問いを探究し
　ていくタイプ。

　この３つのタイプについて，子どもの実態や単元内容に
合わせた単元進度表をつくっています。そして，インスト
ラクションでは「人々の工夫」「地理」「歴史」という考え
る視点を伝えて子どもと一緒に問いづくりをするようにし
ています。インストラクションの例もいくつか紹介をして
いますので，ぜひ自分なりにアレンジして活用してみてく
ださい。

5年社会の単元進度表　プロジェクト名
「工業生産の名探偵PJ〜自動車をつくる工業編〜」

工業生産の名探偵PJ
〜自動車をつくる工業編〜

単元のゴール（学習内容）

・「くらしを支える工業生産」や「自動車をつくる工業」について，教科書や資料集を活用して調べ，理解することができる。

・「自動車をつくる工業」について学んだことを踏まえて，自動車工業についての問いをもち，探偵レポートにまとめることができる。

時間	今日のゴール	プリント	理解度 ◎・○・△
1	**インストラクション** 「スバルの自動車工場をバーチャル見学！」		
2	教科書・資料集を活用して，「くらしを支える工業生産」について調べ，理解することができる。	①	
3	教科書・資料集を活用して，「組み立て工場」について調べ，理解することができる。	②	
4	教科書・資料集を活用して，「関連工場」「世界とのつながり」について調べ，理解することができる。	③	
5	教科書・資料集を活用して，「これからの自動車づくり」について調べ，理解することができる。	④	

6	プリント④やこれまでの学びを参考に，自動車工業についての問いを3つ見つけることができる。	先生チェック
7 8 9	自分の問いを，教科書や資料集，本，インターネットなどを活用して，探偵レポートへまとめることができる。	探偵レポート
10	レポート交流をして，理解をより深めることができる。	探偵レポート

3 「工業生産の名探偵 PJ」 単元進度表の作成ポイント

　5年生の社会「自動車をつくる工業」（東京書籍）の学習について，単元進度表の作成ポイントを紹介します。

● ポイント1：バーチャル自動車工場見学
〈インストラクション例〉

　「今日は，名探偵のみなさんと自動車工場見学に行こうと思います。SUBARU オンラインミュージアムです。どんな視点で見学すれば良いでしょうか。3つ紹介します。1つ目は，どうやって自動車づくりをしているのか。2つ目は，働いている人々はどんな工夫をしているのか。3つ目は，未来の自動車づくりに向けてどんなチャレンジをしているのか。この3つの視点を大事に見学します。今回の単元の最後には，名探偵レポートづくりを行います。先生が

つくった見本を掲載します。みなさん準備はいいかな。で
は，見学の時間です。」と伝えます。

● **ポイント2：先生チェックで視点をもった問いづくり**

　1時間目のバーチャル見学後，2〜5時間目に学習プリ
ントを進めます。子どもたちは，これまで学習してきたこ
とを踏まえて，6時間目に自分自身が深めたい問いづくり
とレポートづくりを行います。慣れないうちは，先生チェ
ックの機会をもうけて，「組み立て工場」「関連工場」「世
界とのつながり」「これからの自動車づくり」の視点とつ
ながっているか，子ども一人一人の問いをチェックしたり，
一緒に考えたりするようにしましょう。

**4　6年社会の単元進度表　プロジェクト名
「♪武士の世の中について調査隊♪」**

♪武士の世の中について調査隊♪

単元のゴール（学習内容）
・源平の戦い，鎌倉幕府の始まり，元との戦いを手がかりに，
　武士による政治が始まったことを理解することができる。
・ペアで協力して武士がどんな政治を行ったかについて調べ，
　調査レポートにまとめよう。

時間	今日のゴール	プリント	コース
1	**インストラクション** 「武士の生活について」		みんなで

	〈コース説明〉 ①先生とともにコース ②タブレット動画コース ③歴史学者への道コース		
2	教科書・資料集を活用して,「源平の戦い」について調べ,理解することができる。	①	コース （　　　　　　　　）
3	教科書・資料集を活用して,「源頼朝の政治」について調べ,理解することができる。	②	コース （　　　　　　　　）
4	教科書・資料集を活用して,「北条時宗と元寇」について調べ,理解することができる。	③	コース （　　　　　　　　）
5	これまでの学びを参考に,「武士のよる政治」についての問いを3つ見つけることができる。 ☆一緒に調査するペアの発表	先生チェック 	
6 7	自分の問いを,教科書や資料集,本,インターネットなどを活用して,調査レポートへまとめることができる。	調査レポート	
8	レポート交流をし,理解をより深めることができる。	調査レポート	

〈調査するテーマ〉
学習プリント①・②・③の「　　　　　　」です。
〈ペア〉「　　　　　　　　　」さん
〈調査したい質問を3つ決めよう〉
その1
その2
その3

5 「♪武士の世の中について調査隊♪」
単元進度表の作成ポイント

6年生の社会「武士の世の中へ」（東京書籍）の学習に

ついて，単元進度表の作成ポイントを紹介します。

● **ポイント：コースを開設して取り組む**

　この単元ではインストラクションとして武士の生活について紹介しました。貴族の世の中から武士の世の中への変化を伝えます。学習プリント①②③とまとめた後は，学習プリントの内容を深める調査員となり，互いに発表し合うことをゴールにします。2〜4時間目は，3つのコースの中から選択して行います。

　1つ目は，「先生とともにコース」です。先生の説明とともに学習を進めます。また，クラスには，私だけでなくワークショップ型係活動の「歴史学者」もいます。歴史学者からヒントをもらうこともあります。2つ目は，「タブレット動画コース」です。学習プリントごとに，その概要を説明する動画を見てから学習を進めます。おすすめは，NHK for School の『歴史にドキリ』です。3つ目は，「歴史学者への道コース」です。歴史が好きな子が，自分で資料を集めたり，調べたりと深く学んでいくコースです。この3つのコースの中から自分で選んで学習できるようにすることで，見通しをもって取り組めるようにしました。

　また，5時間目以降は学習プリント①②③からより深めたい問いを選択し，ペアを決めて調査レポートづくりを進めます。最後はペアでレポートを発表し合います。

　この単元で私が実際に使った社会プリントを紹介します。イメージをもっていただけたら嬉しいです。

社会科　学習プリント① 源平の戦いについて調べよう！

6 年　　組　名前(　　　　　　　　)

〈武士の政治の始まり〉教科書 pp.46-47(自分で○をつけよう)

○武士の中には…

・武芸を認められ朝廷や「　　　　　　」に仕え，大きな力をもつ者もいた。

・一族のかしらを中心に「　　　　　　」をつくる。

⇒武士団の中で最も勢いが強かったのが源氏と「　　　　　」。

○源氏

・「　　　　　　」に勢力をのばす。

○平氏

・「　　　　　　」に勢力をのばす。

○「　　　　　　」の乱,「　　　　　」の乱

→源氏と平氏は「　　　　　　」や貴族の実権をめぐる争いに巻き込まれる。

→その結果…「　　　　　　」を中心とした平氏が源氏をおさえ政治を行う。

○平氏の政治

・天皇の「　　　　　　」として生まれた子を天皇に立てる。

→平氏一族が朝廷の「　　　　　　」につき強い力をもつ。

・平氏の政治に反対する者を・・・

→厳しく処罰し，しだいに貴族やほかの「　　　　　」の間で不満が高まる。

○厳島神社

・平清盛は「　　　　　　」を平氏の守り神としてまつり，海上交通の安全をいのる。

〈源氏と平氏が戦う〉pp.48-49　自分で○をつけよう

○「　　　　　　」…平氏との戦いに敗れ，伊豆に流される。

34才になると…

・伊豆の豪族の「　　　　　」や東国の武士たちとともに平氏を倒そうと兵をあげる。

○「　　　　　」…頼朝の弟で平氏を壇ノ浦でほろぼす。

○平氏をたおした頼朝は…

・家来となった武士を地方の「　　　　　」や地頭につける。

・1192年に「　　　　　」に任じられ，鎌倉に政府を開く。

↓

鎌倉幕府

社会科　学習プリント②　源頼朝の政治についてまとめよう！

6年　　組　名前（　　　　　　　　　　）

〈なぜ鎌倉に幕府をおいたのだろうか〉	源頼朝 シール

その１

その２

☆友達同士でチェックし合ってみよう

友達 チェック

〈幕府と御家人の関係を図に表して説明しよう〉

先生チェック

〈源頼朝の死後の政治についてまとめよう〉(自分で○つけしよう)

①「　　　　　　　」氏が力をにぎる。
　「　　　　　　　　　　　」（源頼朝の妻）の活やく。

②将軍の補佐をして政治を行うことを「　　　　　　」と言う。

③朝廷が幕府を倒そうとして戦いになる。
　「　　　　　　　　　　」の勝利！

幕府の力は全国におよぶようになった。
武士の裁判の基準となる法律（　　　　　　）がつくられ，北条
氏中心の世の中へ！

社会科　学習プリント③　北条時宗と元寇についてまとめよう！

6年　　組　名前(　　　　　　　　　　)

元寇についてまとめてみよう♪	
①元ってどれぐらい強いの？	②元と幕府はどんな戦いだった？
ヒント： モンゴルの広がりを示す地図	ヒント： 元との戦いの図・資料集
③絵巻をなぜ描かせたのだろうか？	④元との戦いが終わって武士はどうなった？
☆自分で想像してみよう	ヒント： 恩賞を求める竹崎季長の図

〈チャレンジ♪〉
もっと調査したいテーマは，学習プリント①・②・③・④の中で
(　　)
調査したい問い　　|
　　　　　　　　　2
　　　　　　　　　3
まとめ方　「　　　　　　　　　　　　　　　」

6 6年社会の単元進度表　プロジェクト名
「日本の国際的地位が向上したのはなぜ？
～世界に歩み出した日本～」

日本の国際的地位が向上したのはなぜ？
～世界に歩み出した日本～

単元のゴール（学習内容）

・日清・日露戦争，条約改正，科学の発展などを手がかりに，日本の国力が充実して国際的地位が向上したことを理解できるようにする。

・世の中の様子，人物の働きや代表的な文化遺産などをよく調べて，日清・日露の戦争，条約改正，科学の発展などについて自分の考えを表現できる。

時間	今日のゴール	ワクワク度 何％？	理解度 何％？
1	**インストラクション** 「日本の国際的地位が向上したのはなぜ？」 ・日清・日露戦争の始まりと結果 ・条約改正のプロセス ・科学の発展の紹介		
2	インストラクションを踏まえて，テーマを選択しましょう。 ①テーマを決めて探究する（テーマごとにチームに分かれる） 　A　日清・日露戦争 　B　条約改正について 　C　科学の発展について（文化もOK） ②決めたテーマから問いづくりを行う ③誰がどの問いを解決するか役割分担をする		
3	役割分担した問いの解決を行う！		

4	解決した問いに対する自分の考えをもとう！ 発表に向けて準備をする！		
5	２～４時間目をふまえて、もっと深めたいところは深める。発表の準備をする。		
6	いよいよ発表です。聞いてくれた友達からファンレターをもらう！	発表交流	
☆	国際的地位向上に貢献した人物に賞状を書こう！	賞状づくり完成♪	

7 「日本の国際的地位が向上したのはなぜ？」単元進度表の作成ポイント

　６年生の社会「世界に歩み出した日本」（東京書籍）の学習について、単元進度表の作成ポイントを紹介します。

● ポイント１：探究型の単元進度表

　インストラクションでは、「日清・日露戦争の始まりと結果」「条約改正のプロセス」「科学の発展の紹介（文化も含む）」の３つの概要について、教科書・資料集を一緒に読んだり、プレゼンをしたりします。また、そのテーマに関わる人物も子どもたちに紹介します。

　その後、子どもたちは自分が深めたいテーマを決めて、テーマごとにチームを結成します。チーム結成後は、問いづくり→計画する（役割分担）→探究する（それぞれで解決する・自分やチームの考えをつくる）→発表する（発表方法は自由に）の流れで進めます。

● ポイント2：最後は，個人評価を行う

　最後は，「国際的地位向上に貢献した人物」に賞状を書くことをゴールにしました。北里柴三郎を選び，「現在も大学が存在し，研究を進めていること」「自分の母子手帳を調べて，破傷風のワクチンが現在も使われていること」から現在も国際的地位向上に貢献していると主張した賞状を書いている子どもがいました。

　この子どもは，探究活動の中で実際に北里大学に電話したり，伝記をいくつか読んだりして熱心に探究をしていました。

　このように最後は探究活動の学びを賞状でまとめるような個人評価を行いました。

　また，賞状づくりがよほど楽しかったのか，「歴史上の人物に賞状をつくりたい!!」と話しながら，賞状コレクションをつくる子どもがたくさんいる状況が生まれました。

単元進度表はどれにするか考えよう
社会編

　社会では，3つの単元進度表を紹介しました。

　5年生「工業生産の名探偵PJ」は，一人一人で進められる単元進度表です。学習プリントを自分で進めながら，最後は自分でレポートにまとめる学習の流れです。

　6年生「♪武士の世の中について調査隊♪」は，3つのコース別で進められる単元進度表です。主に学習プリントで学びながら，ペアで深めたいテーマに対するレポートをまとめる学習の流れです。

　6年生「日本の国際的地位が向上したのはなぜ？〜世界に歩み出した日本〜」は，探究ベースの単元進度表です。インストラクション後はテーマを選択して，チームでテーマへの問いを探究していく学習の流れです。

　私は，子どもの様子を見てどの単元進度表にするかを決めていました。先生が教える機会がもっと必要と思うならば，コース別の単元進度表にしていました。子どもたちから，もっと問いづくりを行ってテーマの内容を深める探究がしたいという要望があるならば，探究ベースの単元進度表にしていました。目の前のクラス，子ども一人一人を思い浮かべて選択しましょう。

03

ブロックアワーを取り入れた
理科の授業例

 ❶ ブロックアワーを理科で取り入れるポイント

　理科の単元進度表の構成は，『小学校理科　探究的な学びのつくり方』（吉金佳能　明治図書）を参考にしています。

　私は，「水溶液の性質」や「もののとけ方」などの火や薬品を扱う実験を行う単元に関しては，ブロックアワーの時間に行うことはしていませんでした。こうした単元では安全面を配慮して，固定した時間割で実践を進めていました。

　一方，植物・動物・昆虫などを観察する場合，一人一台の実験セットがある場合，てこ・ふりこなど子どもに安全面も含めて任せて大丈夫そうだと判断した場合は，ブロックアワーで実践を進めるようにしていました。

　理科のインストラクションでは，ダイナミックにみんなで実験をしたり，子どもがワクワクするようなゴールを共有したりすることを大事にするようにしています。今回は，具体的に３つの単元を紹介します。

4年理科の単元進度表　プロジェクト名
「生き物図鑑づくりに挑戦～夏の終わり～」

生き物図鑑づくりに挑戦
～夏の終わり～

単元のゴール（学習内容）
・動物の活動や植物の成長は，暖かい季節や寒い季節などによってちがいがあることを理解している。
・身近な動物や植物について，ちがいや同じところに気づいたり，自分で問いづくりをしたりして，解決していくことができる。

時間	今日のゴール	振り返り
1	**インストラクション** 「生き物を探せ!!～夏の終わり～」	夏休みに先生が飼っていた虫は？ 1　カブトムシ 2　セミ 3　クワガタムシ
2	ロイロノートを活用して，生き物図鑑を作成する。 自分が続けて観察している生き物についてまとめる。	今は，何の生き物図鑑づくりをしている？
3	ロイロノートを活用して，生き物図鑑に必要な資料を集めよう。	どんな資料を集めたかな？
4	ロイロノートを活用し，前回の観察とくらべて，生き物の変化について観察結果から言えることをまとめる。	見つけた生き物の変化は？
5	（深める） 生き物図鑑をみんなで交流する。	友達の図鑑から見つけた新発見は？

〈探究サポーターをご紹介〉

その１　ロイロノートの資料箱「生き物図鑑サポーター」に，
　　　　動画・写真があります。

その２　図書館から図鑑が届いています。ぜひ使ってください。

その３　虫研究会の先生に，メールで質問ができます。ご利用
　　　　は計画的に。

3 「生き物図鑑づくりに挑戦」
単元進度表の作成ポイント

　４年生の理科「季節と生物④夏の終わり」（大日本図書）
の学習について，単元進度表の作成ポイントを紹介します。

● **ポイント１：継続的に繰り返し行うことで質を高める**

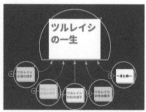

子どもがロイロノートで作成したツルレイシの図鑑

　春先からツルレイシを育てていました。子どもは春・
夏・秋・冬の季節ごとの変化についてロイロノートを活用
して，「生き物図鑑」をまとめました。左の写真は，ツル
レイシの夏の成長をまとめています。日時，天気，気温，
気づきを付箋に書いています。右の写真のように，クラゲ
チャートを活用して「春・夏・秋・冬の様子」から「ツル

レイシの一生」をまとめます。季節ごとに単元進度表を用意することで、継続的にチャレンジができます。また、同じ活動を繰り返すことで、季節ごとにまとめる量や、まとめる視点をパワーアップしていく子どもの姿があります。

● ポイント2：探究サポーターについて

　探究サポーターとして、資料、動画、専門家などを子どもたちに示しました。よりよい生き物図鑑をつくる上で、自分で選べるように教師が用意することもおすすめです。

4 5年理科の単元進度表　プロジェクト名「流れる水調査隊 PJ」

流れる水調査隊 PJ

単元のゴール（学習内容）
・流れる水の速さに関わる条件について学びながら、その働きや土地の変化を調べる活動が意欲的にできる。
・流れる水の働きにおける土地の変化について説明することができるようになる。

時間	理科ノ	今日のゴール	理解度 ◎・○・△
1	1	**インストラクション** 「砂場でチャレンジ！」	
2	2 3	土を削ったり、押し流したり、積もらせたりすることについて理解することができる。	
3 4	4 5 6	流れる場所によって、川原の石にはどのような違いが見られるのか理解することができる。	

5 6	7 8	流れる水の働きによる土地の変化，雨量による土地の変化について理解することができる。	
7	9	洪水の被害や洪水に備える対策について調べ，理解することができる。	
8	11 12	学習の確認をする。	
9		自分の問いを，教科書や資料集，本，インターネットなどを活用して，調査レポートへまとめることができる。	先生チェック
10		レポート交流をして，理解をより深めることができる。	

 ## 5 「流れる水調査隊 PJ」 単元進度表の作成ポイント

5年生の理科「流れる水のはたらきと土地の変化」（大日本図書）の学習について，単元進度表の作成ポイントを紹介します。

● ポイント：おもいっきり砂場で遊んでみる！

「今日は，今から幼稚園時代に戻って，おもいっきり砂場遊びをしたいと思います。大きな山をつくってください。山の頂上から水を流します。水を流すと，何になるかな？そうそう川になりますね。みんなで川をつくっていきましょう。

川は真っ直ぐなところもあれば，曲がっているところもあるね。川の周りには何があるかな。家，堤防，木，石な

どなどがあるね。それらも実際につくってみましょう。時間は45分です。

　45分後には，山の頂上から水を流してみたいと思います。水を流して何を考えたいと思う？」

　すると，子どもたちからは，「流れる水の様子がどうなっているかじゃないかな。」「土砂崩れの仕組みが知りたい。」などの意見がたくさん出てきます。

　その後は，子どもたちが夢中になって，砂場に山や町などを積極的につくります。瞳をキラキラと輝かせて楽しんでいる姿はとても素敵です。

　最後は，実際に山の頂上から水を流してみて，浸食，運搬，堆積について学びます。土砂崩れの様子，川の外側，内側の浸食の様子などを学びます。

　その様子を見て疑問に思ったことは，子どもたちがもっと幼かった頃に戻って，遊ぶように学び，学ぶように遊びます。

04
ブロックアワーを取り入れた
算数の授業例

 ブロックアワーを算数で取り入れるポイント

　「算数はブロックアワーで一番取り入れやすいです。」と研修を行うとよく言われます。その理由は，AI ドリル，学習プリント，問題づくりなど，子どもが選択して学べるコンテンツがたくさんあるからだと思います。しかし，選択肢をたくさん子どもへ示しているからといって，それだけでブロックアワーがうまくいくわけではありません。

　子どもにとって，学んだことが日常生活を広げるようなワクワクしたゴールがあるプロジェクト型学習のような単元進度表の構成にしていくことが大事であると思います。たくさんの選択肢があっても，学んだことを生かしたい，楽しみたいと心から子どもたちが思えるように行うことが大事です。

　今回，上記のことを意識した単元進度表を紹介します。ぜひアレンジしてチャレンジしてみてください。

2 2年算数の単元進度表　プロジェクト名
「はこのひみつをときあかそう！」

はこのひみつをときあかそう！

単元のゴール（学習内容）

・はこのとくちょうについて，りかいすることができる。

・学んだことをいかして，はこのかたちをつくることができる。

| 時間 | 学しゅうのめあて | 教科書 | チャレンジ | | ふりかえり |
			計ド	タブレット	◎・○・△
1	みんな はこの面の形や数をしらべよう。	P99 1⃣⑦⑦ P100 1⃣⑦⑦		はこの形 1⃣ 2⃣	
2	辺やちょう点の数をしらべよう。	P101 2⃣⑦⑦	計ド 12	はこの形 3⃣ 4⃣	
3	工作用紙をつかって，はこの形をつくろう。	P102 1⃣⑦⑦ 2⃣			
4	みんな ひごとねんど玉がいくついるかを考えて，はこの形をつくろう。	P103 1⃣⑦⑦⑦ 2⃣	計ド 13	はこづくり 1⃣ 2⃣	
5	学びのまとめをしよう。	P104 1⃣2⃣3⃣ P105	計ド 14	はこの形 えんしゅう 1⃣ 2⃣	

チャレンジコース（3時間目いこう，チャレンジかいし！）
①○○○ビルディング計かく！【チャレンジコース①】
②めざせ！せっ計しへの道！【チャレンジコース②】

3 「はこのひみつをときあかそう！」
単元進度表の作成ポイントについて

２年生の算数「はこの形」（啓林館）の学習について，単元進度表の作成ポイントを紹介します。

● ポイント１：低学年用の単元進度表づくりの内容

今回の単元進度表は２年生用になっています。同一教科単元内自由進度学習で活用できます。子どもが学習する教科書のページ，計算ドリル，タブレットの課題，ふりかえりの項目を作成しています。学しゅうのめあてを記入しています。みんなの項目は，一斉授業で行います。自分でできた場合は青色で，友達や先生とできたら赤色で1や2をぬるようにして，自分の学び方の自己評価ができるようにしています。

〈振り返り例〉

自分でやること・だれかと学ぶこと，自分が集中できた学び方は？

● ポイント2：チャレンジコースを作成

　子どもたちの日常生活が広がるチャレンジコースも準備しています。次ページに実際に使った学習プリントを掲載しました。

　チャレンジコース①では，校長先生が注文した設計図をもとに工作用紙ではこづくりを行います。名づけて〇〇ビルディングです。

　チャレンジコース②では，自分自身が設計図を書いて，自分だけのビルづくりを行います。子どもたちは大盛り上がりです。

　このようにチャレンジコースを用意することで，主体性をより高めていくことにつながります。

● ポイント3：低学年は，おもいっきりつくる体験

　低学年では，子どもが楽しんでつくるような体験をゴールにしていることが多いです。「つくった箱で，箱の町づくりに挑戦してみよう。」「100をこえる数を生かして，楽しいすごろくづくりをしてみよう。」「みんなが楽しめる問題づくりをしてみよう。」など，積極的に算数で学んだことを生かしてつくることを進めていくと良いでしょう。

チャレンジコース①　はこの形
～○○ビルディング計画！～

名前（　　　　　　　　　　　）

校長先生のちゅう文通りの○○ビルディングをつくろう！
（工作用紙をつかおう）

ちゅう文①　つぎのざいりょうではこをつくろう
・１つの辺の長さが７㎝の正方形を２まい

7 ㎝

7 ㎝　□ ×２まい

・２つの辺の長さが９㎝と７㎝の長方形を４まい

7 ㎝

9 ㎝　□ ×４まい

ちゅう文②　つぎのざいりょうではこをつくろう
・１つの辺の長さが５㎝の正方形を６まい

5 ㎝

5 ㎝　□ ×６まい

ちゅう文③　つぎのざいりょうではこをつくろう
（ヒントなしのげきむずもんだい!! できるかな？）
・２つの辺の長さが４㎝と６㎝の長方形が２まい
・２つの辺の長さが４㎝と９㎝の長方形が２まい
・２つの辺の長さが６㎝と９㎝の長方形が２まい

チャレンジコース② はこの形
～めざせ！せっ計しへの道！～

名前（　　　　　　　　　　）

すきな大きさのはこをせっ計して，自分だけのビルをつくろう！（工作用紙をつかおう。）

せっ計図（せっ計したビルは，どんな形の面でできているのかをメモしよう！）

せっ計図のれい

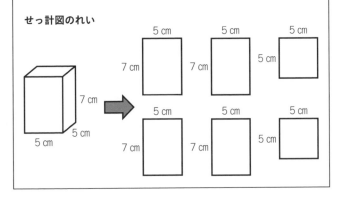

第7章

ブロックアワーを取り入れた授業例

5年算数の単元進度表　プロジェクト名
「平均調べ PJ」

平均調べ PJ

単元のゴール（学習内容）

・平均について，その意味や求め方が分かる。
・いろいろな場面で平均を使っていることに気付くことができる。

時間	ページ	問題	今日のゴール	計ド	確認クイズ
1	150 151	① ②	**インストラクション** 「『平均』とは」		平均とは？
2	152	③ ④	0を含む場合の平均の求め方や，平均が小数になる場合の平均の求め方を理解することができる。	27	できた◎ まあまあ○ できなかった△
3	153	⑤ ⑥	いくつかの平均から全体を見積もる方法を理解することができる。 （⚠ヒント　社会資料集やインターネットを活用しよう。）	28	⚠ 身のまわりで平均が使われているところは？
4	154	⑧ ⑨	工夫して平均が求められることを理解することができる。	29	できた◎ まあまあ○ できなかった△
			コース選択（選んだコースに○をつけよう） コース① 学んだ平均の考えを生かして，		→完成レポートは，先生に提出！ ※ミニレポートの

5 6	155	身の回りにある平均を計算し，ミニレポートにまとめることができる。	30	見本は，黒板に貼ってあります。参考にしてね！
		コース② 1を実際に調査し，平均を計算して，ミニレポートにまとめることができる。		
7	156	学習内容の理解を確認する。	31	できた◎ まあまあ〇 できなかった△

5 「平均調べPJ」 単元進度表の作成ポイント

　5年生の算数「平均とその利用」（啓林館）の学習について，単元進度表の作成ポイントを紹介します。子どもが学習する教科書のページと問題，今日のゴール，計ド，確認テストを記入しています。

　振り返りには，「確認クイズ」を入れることで子どもが学んだ内容について自己評価することができるようにしています。

● **ポイント1：算数では，学びで生活が広がることとゴールを明確に示すことが大事**

　授業のスタートで子どもには以下のようなレポートを示します。

岩本先生，田村先生，成田先生の平均身長を計算し
てみました。

　岩本先生は185cm，田村先生は175cm，成田先生は
180cmです。

　(185＋175＋180) ÷3＝180　　　　　　　　平均180cm

　この3人でお寿司屋さんに行くと，岩本先生は60皿,
田村先生は50皿，成田先生は70皿のお寿司を食べまし
た。

　(60＋50＋70) ÷3＝60　　　　　　　　　　平均60皿

　このことから，3人は身長も全体的に高く，よくご
飯を食べることが分かりました。私もたくさん食べて
身長を伸ばしていこうと思います。

　今回は平均の学習を進めます。みんなは，平均につ
いて学んだことを生かして，自分オリジナルの平均ミ
ニレポートをまとめるチャレンジをしてみましょう。

● **ポイント2：最後は，つくったレポートの交流**

　子どもたちは，平均睡眠時間，平均学習時間，平均ゲー
ム時間，ペットボトルボウリングで倒したペットボトルの
平均の数など，身の回りにある平均を求めていきます。

　つくったレポートは教室の掲示板に貼ってもらい，みん

なが求めた平均○○を単元の終わりに交流します。私のクラスで行った際の振り返りを以下に紹介します。

　私は，まさやさんの平均調べが面白かったです。まさやさんの1歩の平均は90cmでした。まさやさんは家から学校まで，340歩だそうです。90×340×2＝61200cmで，往復約600m。1年間に200日登校するので，600×200＝120000mです。

　つまり，1年間に120km歩いていることが分かったそうです。6年間で720km歩いていることも計算していました。明日，私も自分の一歩の平均を調べて，どれだけ歩いているのか計算してみたいと思いました。

　このように学びの導入とまとめが明確な単元進度表の構成にすることで，子どもが見通しをもって学習に取り組むことができます。

6 6年算数の単元進度表　プロジェクト名 「全部で何通り？確率マスターPJ」

全部で何通り？確率マスターPJ

単元のゴール（学習内容）
・場合の数について，落ちや重なりのないように図や表を用いて調べたり，場合を整理して考えたりすることができるようにする。

・組み合わせや並べ方を順序よく整理し，落ちや重なりがない
　ように調べる。

時間	めあて	やること	教科書	計ド	振り返り ◎○△
1	**インストラクション**「確率って何だろう？」	だいちさん，さくらさん，ひなたさん，かいとさんの考えを説明する。	186 187		
2	選ばないものに着目して，組み合わせ方が何通りあるかを考えることができる。	選ばないものに着目して，表に整理する。	188		
3	並べ方が何通りあるかを順序よく整理して求めることができる。	樹形図を使って整理する。	189		
4	いくつか選んで並べる時の場合の数が何通りあるかを順序よく整理して求めることができる。	いくつか選んで並べる時の場合の数が何通りあるかを順序よく整理する。	190		
5	これまでの学習内容を確実に身につけることができる。	チェックテスト①			
6	起こり得る場合を順序よく整理して，目的にあう場合を選ぶことができる。	全部の行き方を調べて，いろいろな目的にあう場合を考えて問題を解く。	192 193		
7	起こり得る場合を順序よく整理して，目的にあう場合を選ぶことができる。	全部の行き方を調べて，目的に合う場合を考えて問題を解く。	194		
8	起こり得る場合を分類・整理して，問題を解決することができる。	3つの仲間にそれぞれ何人の人が入るかを考えて問題を解く。	195		
9	学習内容を確実に身につける。	チェックテスト②			

7 「全部で何通り？確率マスターPJ」 単元進度表の作成ポイント

6年生の算数「場合を順序よく整理して」（啓林館）の学習について，単元進度表の作成ポイントを紹介します。

● ポイント1：カードゲームやボードゲームの環境づくり

この単元では「確率って何だろう？」というテーマで，教科書活用型のインストラクションを行いました。一方で，学習をスタートする前に，カードゲームやボードゲームなどを教室に置きました。また，休み時間や学級活動の時間には「アルゴベーシック」（学研）をグループ分用意し，相手のカードの数字を当てるゲームを行う機会を意図的に設定しました。

このように，事柄の起こり得る場合の数をもれや重なりがないように数える体験ができるような環境づくりを大事にします。子どもたちが日常で確率について考える機会を設けるようにしました。

最後には，カードゲーム，ボードゲーム，日常生活で出会う確率を求める問題づくりを行う子どももいました。自分自身でカードゲームやボードゲームをつくり出す子もいました。

● ポイント2：チェックテストについて

算数の単元進度表に，チェックテストを行う機会をつく

りました。チェックテストには，計算ドリルの付録につい
ている確認テスト，タブレット内にある課題，市販プリン
ト，お手製チェックテスト（余裕があれば）などを活用し
ます。チェックテストを行って子どもが自己分析し，学び
直したり，友達同士で教え合ったりできるようにします。
　また，先生自身がテストのまちがいをどうやって分析し
ているかを示すのも良いでしょう。それを参考に分析して
間違いを直している子どもが出てきたら，みんなでその内
容についてをシェアするようにしてみてください。

学級を安心できる場にする
サークル対話

01

やってみよう！サークル対話

第8章では，イエナプラン教育の4つの基本活動の中で最も大切とされている「対話」の1つである「サークル対話」について紹介します。

サークル対話の目的として，一人一人が尊重され，一人一人がグループに貢献できるようになることを大事にしています。たくさん発言することを目的とするではなく，他者の発言に耳を傾け，その発言を受け止めることが重要となってきます。

一日のカリキュラムの中で午前中に2回，午後に1回行われていることからも分かるように，サークル対話はイエナプラン教育において非常に大事にされている取り組みです。

サークル対話は，誰にとっても学級を過ごしやすく安心した場になるようにするため，日々大切に継続して行います。円滑にサークル対話を行うためには，明確なルールを示すことが大切です。私が子どもたちに示していたルールは次の5点です。

□グループ全員が円形になる

□お互いの表情を見ながら相手の気持ちを感じ取る状
　況をつくる

□教師もグループの一員としてサークル対話に参加す
　る

□サークルの中には，基本的には何も置かない

□否定や嘲笑はしないことを約束する

　ルールは，決められたものがあるわけではありません。
クラスの様子を見て設定するようにしましょう。

　私は，朝の時間，ブロックアワーを行う前後，帰りの集
い，クラスでどうしても話し合いたい事案がある際などに
「サークル対話」を行っていました。活動時間は，子ども
の様子を見ながら，早くて5分，遅くても20分で行うよう
にしていました。

02

サークル対話は
バリエーションが豊富

　よく，「サークル対話は，毎日やろうと思うとハードル
が高いです。」と言われることがあります。私自身も「サ
ークル対話で今日は何をやろう。う〜ん。やることないな。
今日はやめておこう。」といった日々を繰り返したことも
ありました。

　学期末には「先生，最近はサークル対話しないよね。」
（ヒュ〜って冷たい風を感じるレベル）になることもあり
ました。

　しかし，繰り返していくうちに私も子どももサークル対
話なしではいられなくなりました。サークル対話で，先生
も子どもも心が温まり，クラスが前向きに進んでいくよう
になります。

　私がよく行っていたサークル対話は，8つあります。

　次のページからは，8つの対話について，「活動の流れ」
「学級でのエピソード」の順にご紹介します。

　ぜひ，自分のクラスに合ったサークル対話をする際の参
考にしてみてください。

サークル対話の8つの実践例

　下記サークル対話の8つの実践について紹介していきます。一つ一つの説明については順に紹介をしていきます。

---

① 「エナジーチェック」サークル

② 「ペアトーク」サークル

③ 「お困りごと相談」サークル

④ 「哲学カード」サークル

⑤ 「絵本の読み聞かせ」サークル

⑥ 「小さな道徳」サークル

⑦ 「新聞を読む時事」サークル

⑧ 「手紙ノート」サークル

 「エナジーチェック」サークル

　「エナジーチェック」サークルでは，自分の健康状況を把握することだけでなく，お互いの健康状況を把握し合います。自分のことを知るだけでなく，お互いのことを知ることを大事にしながら，お互いを尊重する気持ちを育てていく取り組みです。

● **活動の流れ**

① サークルになってみんなで集まる。

②「今の自分のエネルギーは何％ですか。100％の子は，
　天井に向けて手を挙げよう。50％は手を横に，０％は手
　を下に，０〜100％で表してみよう。自分のエネルギー
　が何％なのかを表してみましょう。」と伝える。

③「それにした理由は？　近くの子と話してみよう。」と
　伝える。

④「ペアで話してみてどう？　みんなに伝えたいことある
　かな？」と話を聞く。

● **学級でのエピソード「まやさん，大丈夫？」**

　「今日のエナジーチェックは，どうだった？」と私が問
いかけると子どもたちはたくさんのことを教えてくれます。
　「しょうちゃんは，100％みたいです。朝からお母さんが
しょうちゃんの大好きな豚汁をつくってくれて，２杯も食
べたからだそうです。」「まやさんは，50％です。昨日，バ
スケットボールで少し捻挫をしていて足が痛いそうです。」
など，みんなで自分のエネルギーの状況を伝え合います。
この後，まやさんが，階段から降りている時に「手を貸そ
うか？」と話しかけている友達がいました。「エナジーチ
ェック」サークルは，お互いを気遣いながら温め合えるク
ラスづくりのきっかけになります。

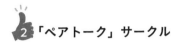「ペアトーク」サークル

　「ペアトーク」サークルでは，下の図のようにサークルになった際に隣同士となった友達同士がペアになります。そして，お題となるテーマについて対話をします。

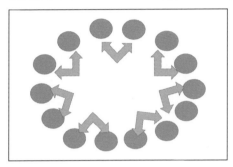

「ペアトーク」サークルのイメージ図

● **活動の流れ**

①サークルになってみんなで集まる。

②今日のテーマを決める。

　※好きな食べ物・遊びなどや「シャベリカ」（株式会社アソビジ）を私は活用をしていました。「シャベリカ」には対話のテーマが書かれているので，とてもおすすめです。

③決まった今日のテーマでトークをする。できるだけ，具体的に聞くように伝える。「もう少し詳しく言うと？」「具体的に言うと？」など。

④「ペアで話してみてどう？」「みんなに伝えたいこと

第8章　学級を安心できる場にするサークル対話

は？」と話を聞く。

● **学級でのエピソード「ペアトークがきっかけに!?」**

「今日のテーマは，『この学区にお店をつくるとしたら何がしたい？』でした。みんなどうだったかな？」と話します。「おにぎり屋があれば良いと思う。おにぎりが好きだから。」と話すたくやさん。すると，「どうしておにぎり屋なの？　具体的に言うと？」と問いかけるれなさん。「うちの学区では米づくりが盛んでしょ。うちのおじいちゃんがつくった米はおいしいよ。食べにおいでよ。」と答えるたくやさん。ペアで話をしたことがきっかけで，たくやさんのおじいちゃんがつくった米をおにぎりにして，おにぎりパーティーを行いました。

3 「お困りごと相談」サークル

「お困りごと相談」サークルでは，「クラスで困っていること」「個人で困っていること」を子ども同士がサークルになって相談し合う対話をします。

● **活動の流れ**

①サークルになってみんなで集まる。

②「感謝」「困っていること」「連絡」について自由に書いて良いホワイトボードを教室に置いておき，そこに書かれている内容を報告し合う。

③「クラスのこと」はクラスで合意形成をする。「個人の
　困りごと」は，該当する子が解決策を選択する。
④「１週間後に解決したか教えてください。」と話す。

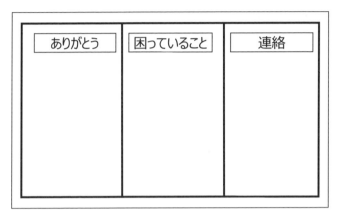

ホワイトボードの設定例

● 学級でのエピソード「太鼓の大会」

　りょうさんは，太鼓の大会が近づいていました。困りご
とで，「どうしても緊張して，最初の音に合わせられない。
緊張しないにはどうしたら良いか」相談しました。太鼓が
始まる前に好きな食べ物を食べる，緊張は頑張ってきた証
拠と考える，音を合わせるのをあきらめて開き直るなどの
意見が出ました。りょうさんは，当日は好きなグミをかん
で挑戦。最初の音をうまく合わせられました。次の日，嬉
しそうに報告をしてくれました。

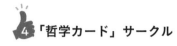
4 「哲学カード」サークル

　「哲学カード」サークルでは，哲学的なテーマをもとに
対話をします。

● **活動の流れ**
①みんなでサークルになって集まる。
②「てつがくおしゃべりカード」（リヒテルズ直子　ほん
　の木）を活用して話し合うテーマを決める。
③決まったテーマで以下のように問いかけて進める。
　・テーマ○○に対してどんな風に考えたかな？
　・この言葉の意味は何だろう？
　・自分が経験したことってありますか？
　・自分にとってクラスにとって「○○」とは何か。

● **学級でのエピソード「私にとって，クラスにとって慰めるとは」**
　「てつがくおしゃべりカード」の中にある「世界一なぐ
さめたいサッカー選手」をテーマにしてサークル対話をし
ました。
　最初に「世界一なぐさめたいサッカー選手って？」と私
が問いかけると，いぶきさんは「最後の最後で逆転負けし
た選手だよ。」と話し出しました。いぶきさんと仲良しの
ほづみさんは，「一生懸命練習をしたのに試合に出られな
かった選手だなあ～。」と話しました。バスケが大好きな，
れなさんが，「私は一生懸命練習をしてきたのに，自分の

力を発揮できなかった選手だと思う。」と話します。

　それぞれの子どもたちが，自分が考えた慰めたいサッカー選手を話していきます。意見が大体出ると，「慰めるってどういう意味だろう？」と私は問いかけました。

　調べるのが大好きなりゅうさんが「辞書には，"心をなごやかに静める""心を楽しませる"って書いてあるよ。」と伝えます。「りゅうくんありがとう。慰めることの意味が分かった。そもそもみんなは，慰めてもらったという経験はあるかな？　無理のない範囲で教えてください。」と私は聞きました。

　れなさんが，「私はバスケットボールクラブをしていて，決勝戦までキャプテンなのに自分の力を発揮できなくて……。お母さんが『あなたなら大丈夫。』って，決勝戦の前日の夜に抱きしめてくれた。」と涙ながらに話をします（れなさんが，慰めたいサッカー選手と自分の経験を重ねていたことに私はその時に気づきました）。いぶきさんが続けて「私は運動会の練習で失敗が多くて，うまくできない技があったでしょ。みんながいつも声をかけてくれた。」と語り始めます。卒業式が近い6年生が，「慰める」ことをテーマに自分の体験を話していきます。最後は，「自分にとって慰めるとは何だろう？　クラスにとって慰めるとは何だろう？　今日の日記に書いてみよう。」と話してサークルを終えました。れなさんは，「慰めるとは，心の中に春のような温かさをつくること。私は，春のような温かさをもって周りに接する人になります。」と振り返ってい

ました。

5 「絵本の読み聞かせ」サークル

　「絵本の読み聞かせ」サークルでは，教師が読み聞かせ
をした絵本の展開を予想したり，登場人物の気持ちを考え
たりするなどの対話をします。

● **活動の流れ**

①みんなでサークルになって集まる。

②絵本の読み聞かせをする。

③読み聞かせ中・読み終えた後は，次の3つのことを対話
　します。

　・次のページはどうなるだろう？（予想する）

　・この絵本で一番伝えたいことは何だろう？
　　（主題を聞く）

　・自分がこの絵本の世界にいたらどうする？何を考え
　　る？（自分と向き合う）

● **学級でのエピソード「疑問をもつとは？」**

　『かべのむこうになにがある？』（ブリッタ・テッケント
ラップ　ビーエル出版）の絵本の読み聞かせをした時のこ
とです。あらすじは，こうです。

　おおきなあかいかべがありました。いつからなのか，ど
うしてなのかだれもしらない状況です。

ちいさなねずみくんは,「かべのむこうになにがあるの
だろう?」と疑問に思います。ちいさなねずみくんは,出
会っていく動物たちに「かべのむこうになにがあるのだろ
う?」と問いかけます。「考えても意味がないよ。」「そん
なこと考えることすらあきらめている。」と言われます。

　それでもあきらめないちいさなねずみくんは,おおきな
赤いかべの正体に気づいていくお話です。

　この絵本を読む時には,「この絵本で一番伝えたいこと
は何だろう?」と問いかけました。

　私は,子どもたちにとって問いをもつことの勇気づけに
なると考えて,1年間で3〜4回「かべのむこうになにが
ある?」の読み聞かせをしました。ある子が,1年間のサー
クルで話した変化を紹介します。

---

①疑問をもつことが,ねずみくん自身の世界を変えて
　いくことが分かった。私も疑問をもつ気持ちを忘れ
　ない。
②ねずみくんの疑問に対して,「そんなことは考えな
　くてよい。」と話していた周りの動物は,これまで
　の私自身だった。そして,それは今の私の頭の中に
　出てくる。どうやって乗り越えていこう……。
③この1年,ちいさなねずみくんが私自身だった。私
　の周りにあるかべは,私自身がつくっていた。かべ
　を乗り越えた時に私のものの見方が変わった。周り
　の友達を信じられる自分になった。この絵本は私が

私であることのストーリーです。

このように同じ絵本の読み聞かせをしていると，回を重ねるごとに，自分の生き方と絵本とを関連づけてサークル対話で意見を伝えられるようになっていきます。子どもたちは，絵本の読み聞かせサークルが大好きです。おすすめです。

6 「小さな道徳」サークル

「小さな道徳」サークルでは，道徳の授業の内容について10〜15分で互いに対話をします。

● **活動の流れ**
①みんなでサークルになって集まる。
②教師が見つけた素材を提示し，発問をする。
③発問した内容についてペアで意見交流する。
④意見の共有をする。

＊「小さな道徳」サークルは，『5分でできる小さな道徳授業1・2』（鈴木健二　日本標準）を参考にしています。鈴木健二先生は，「小さな道徳は，教師が感動した素材＋発問を1つか2つでシンプルに行うものである。」と述べています。私自身も著書の実践例を追試したり，自分で素材を見つけたりして実践していました。

● 学級でのエピソード「一緒に考えることこそが大事」

　三菱 UFJ ニコスの広告に，以下のような言葉が書かれていました。

無茶振りされたととるか
抜擢されたととるか
それは，自分次第だ。

　「駅で見つけた広告を紹介します。とてもインパクトがあったので，みんなに見せたいと思います。」と話して，広告を提示しました。

　「この広告には，『無茶振りされたととるか　抜擢されたととるか　それは，自分次第だ。』と書かれていました。自分次第ってどういうことだろう？　ペアで話してみてください。」と私は問いかけました。

　ペアで交流した後に，交流した意見を聞いていきます。以下は対話の記録です。

　「きっと上司に仕事をお願いされて，この仕事が嫌だなって思うのか，この仕事は自分だからお願いされたと思うのかを選ぶのは自分次第ってことなのかな？」

　「つまり，自分にとってプラスかマイナスかを選ぶのは自分ってことを言いたいのか。」

　「前向きに考えて頑張るのも大事だけど。この広告を押しつけられるのは嫌……。」

「どういうこと？」

「だって，仕事をお願いされたらプラスにとらないと絶対にいけないようになるからなあ。」

「たしかに。自分次第って強引かも。そうじゃないよね。」

「『それは自分次第だ。』じゃなくて，『それを一緒に考えません？』のが良くないか。」

「うんうん。一緒に考えることが大事だよ。」

このように小さな道徳をすると，じっくり対話ができます。ぜひ，みなさんも身近な広告を探してみましょう。おもしろいですよ。

7 「新聞を読む時事」サークル

「新聞を読む時事」サークルでは，新聞を活用して時事について対話をします。

今回紹介する「新聞を読む時事」サークルの取り組みは，中日新聞で「子どもが時事についてよく考える素敵な取り組み」として大きく紹介されたことがあります。このサークルを実際に見た記者には，「クラスの子ども一人一人が日々の時事への関心がとても高い。また，その時事について子ども同士がサークル対話で掘り下げているね。毎日継続してきて実践している様子がよく分かる。」と言ってい

ただきました。

　私はこの「新聞を読む時事」サークルがとても大好きで，子どもたちが新聞記事を日々読む中で知り得た情報をみんなで深めています。また，深めたことを保護者に話すことで日常会話のきっかけになるようにもしていました。中日新聞社が運営する小中学生向けニュース配信サイト「チュースク」を使って，子どもたちは気になるニュースを調べています。このサイトは子どもたちが使うタブレット端末のアプリとしてあります。新聞を購入する家庭が減っている中，身近なニュースに触れられる貴重なアプリです。私はこのアプリを活用して「新聞を読む時事」サークルをしていました。

● **活動の流れ**

①みんなでサークルになって集まる。

②子ども向けニュースサイトか，教師が用意した新聞記事を読む。

③ペアで気になったニュースについて交流する。

④全体に共有する。

● **学級でのエピソード「このオブジェはいいの？」**

　「気になったニュースはありますか？」と問いかけると，「夫婦の姓が同じなのか，別々なのかについてのニュースが出ていたよ。昔から思っていたのだけど，何でお父さんの名字に合わせるのかな。」

「ある県のオブジェでものすごいお金をかけてつくったものがあるみたい。けど，つくったオブジェを見て市民がとても反対しているみたい。でも，反対していたら，多くの観光客が逆に来ちゃったみたい。みんなどう思う？」など，みんなで時事について対話できるようになります。

8 「手紙ノート」サークル

「手紙ノート」サークルでは，子どもがクラスの友達に当てた手紙を通して対話をします。

私が大学生時代に研究していたのが石川県の金森俊朗先生の授業についてです。実際に授業参観をした「手紙ノート」という実践があります。

手紙ノートとは，輪番で子どもたちが不特定多数あるいは伝えたい相手に手紙を書くノートです。

手紙にすることで，気持ちのこもった文章となります。書いた手紙を相手に向けて読み，意見交換します。

金森俊朗先生は，「子どもの現実には２つある。１つは外的な現実。子どもの周りで起きたこと，例えば，離婚，労働問題など。これを変えることは難しい。もう１つは内的な現実。外的な現実に対して，自分が何を思っているのか。悩んでいることがあるならば，友達や先生にその思いを伝え合うことが大事。悩みをキャッチし合うことで，子どもの内的現実は肯定的に変えられる。そのきっかけが手

紙ノートです。」と講演会で述べていました。

　私も子どもの内的現実を変えるきっかけにと思い，手紙ノートをサークル対話で行っていました。

● **活動の流れ**
①みんなでサークルになって集まる。
②輪番で手紙ノートに書いてきたことを読む。
③読まれた相手は，それに対する考えを述べる。

● **学級でのエピソード「内的現実を変える手紙ノート」**
　「ぼくは，ぼくじゃないほうが良いのかなって思うことがあります。いっしょうけんめいサッカーの練習をしてきました。でも，コーチはもっと練しゅうしろって言います。昨日帰りにはコーチに追加練習メニューをわたされました。ぼくは，ぼくじゃないほうが良いのかな？」
　このような手紙ノートが読まれました。子どもたちの多くは習い事をしています。習い事の中での競争で日々疲れて悩んでいることが多いものです。「そんなに疲れるなら，やめるって言えば？」って話してみると，「先生は分かっていない。」と言われてしまいます。
　次のように手紙ノートを受け止める子がいました。

　「私もその気持ちが分かるよ。小さい時から，スイミングをやって，泳ぐことが大好きだった。水の中に入ると気

持ち良いし。でも，今は楽しくない。フォームが悪いとか。もっと速く泳げるようにとか。」

「うんうん。私も塾でテストの点数が良いか悪いかが気になる。お父さん，お母さんも，良いとよろこぶけど，悪いとおちこむ。テストが良ければ私は良い子なのか〜って。だから，『ぼくは，ぼくじゃないほうが良いのかな？』って気持ちすごく分かるよ。大丈夫，大丈夫。あせらずに。」

周りは，習い事のエピソードと手紙を書いた本人に温かいメッセージを伝えていきます。

最後は「ぼくだけじゃなかった。みんなが聴いてくれたから。」と話をし，彼の内的現実が変化していました。

第 9 章

探究の柱となる
ワールドオリエンテーション

01

ワールドオリエンテーションを
参考に探究する

　イエナプラン教育では，子どもたちが自分の内側から湧いてくる問いに気づき，そこから解を求めて探究することを重視しています。

　各教科の学習とワールドオリエンテーションは，相互補完的な関係にあり，各教科の学習は，子どもたちが自らの問いをもとに探究するための重要なツールであると考えています。子どもたちがそれらのツールを使って探究しながら，世界の中に自分の位置を見出していくこと，それこそが学校教育の究極的な目的であると考えられています。

　イエナプラン教育の原則18において「学習の基本である，経験すること，発見すること，探究することなどとともに，ワールドオリエンテーションという活動が中心的な位置を占めます。」とされています。ワールドオリエンテーションは，イエナプランのハート（心臓）と呼ばれています。

　また，ワールドオリエンテーションの進め方は「ヤンセンの自転車」と呼ばれ，自転車にたとえてモデル化されています。イエナプランスクールの校長だったクリス・ヤンセンが開発しました。このモデルは，イエナプラン校のみならず，オランダの国立カリキュラム研究所でも，生徒主体の学びのモデルとして全国的に紹介されています。

ワールドオリエンテーションの
7つのステップ

　ワールドオリエンテーションには下記のような7つのステップがあると考えられます。7つのステップを経て，子どもたちの探究学習が効果的に進みます。『今こそ日本の学校に！イエナプラン実践ガイドブック』（リヒテルズ直子　教育開発研究所）を参考にまとめました。

STEP 1	様々な方法で子どもたちの好奇心を刺激する
STEP 2	テーマについて子どもたちの問いを集める
STEP 3	出てきた問いをマインドマップで整理し，役割分担をして探究活動の計画を立てる
STEP 4	実験や発見，インタビューなどを通して探究し，結果をまとめる
STEP 5	内容にふさわしい形で発表し，みんなで探究の結果を共有する
STEP 6	探究の成果を振り返り，まとめ，記録したものを保管する
STEP 7	学んだことを学習目標と照らし合わせ，まだ取り扱っていない目標に向かって新たな探究の計画を立てる

また，ワールドオリエンテーションは，大きく７つのテーマが紹介されています。「つくること使うこと」「技術」「コミュニケーション」「環境と地形」「巡る１年」「共に生きる」「私の人生」です。

　これらの７つのテーマの中からいくつか選択して，年間を通して行います。テーマ設定は，学年・学校で対話をしながら決めていくことがポイントです。小学校であるなら，満遍なく子どもの実態に合わせて行うことが一番望ましいと思います。

　次ページからは，私が学年主任をしていた際にチャレンジしてきた実践について紹介したいと思います。

ワールドオリエンテーションを
参考にした探究活動

　私は，総合的な学習の時間や学級活動の時間に各教科の
カリキュラムマネジメントをしながら，ワールドオリエン
テーションの先ほどの流れに基づいて実践を進めてきまし
た。

　今回紹介するのは，以下の４つのテーマです。

・身近な食べ物

・まちづくり

・歴史

・防災・福祉

　また，先ほど紹介した７つのステップを参考にして，次
の３つの流れで実践を紹介いたします。ぜひ参考にしてみ
てください。

・子どもを刺激する体験（STEP１）

・子どもに提示した問いのマインドマップ
　（STEP２・３）

・子どもたちの探究エピソード（STEP４・５）

今回紹介している取り組みは，できるだけシンプルなものを選びました。ダイナミックな実践ほど子どもへの刺激は強く効果は高いものの，持続可能性が低くなってしまうからです（働き方改革の時代です！）。

　「子どもを刺激する体験」では，すぐに始められそうな体験をいくつか提案しました。ぜひご自身の学校現場での取り組みにあてはめてチャレンジをしてみてください。

　「子どもに提示する問いのマインドマップ」は，子どもが中心のテーマをもとに問いづくりをします。私はテーマからいくつかの視点を提示して，子どもが問いづくりをしやすくしました。視点を通して，広がるごとに問いを具体的にしていきます。その提示例を紹介します。

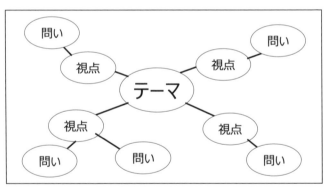

マインドマップ例

　「子どもたちの探究エピソード」では，実際にどんな探究活動をしていたのかを示したいと思います。短いエピソードではありますが，読んでいるみなさんがほんの少しでもイメージすることができれば幸いです。

「身近な食べ物」をテーマにした探究活動

　子どもたちにとって身近な食べ物は不思議であふれています。身近だからこそ子どもは親しみをもってチャレンジできると思っています。私が扱ったテーマは「大根」です。以前に紹介したワークショップ型係活動の「生物学者」が、大根を育てていたのがきっかけでした。

● **子どもを刺激する体験**
　・大根を育て、観察する
　・大根を触ってみる
　・大根料理パーティーを開く

● **子どもに提示した問いのマインドマップ**

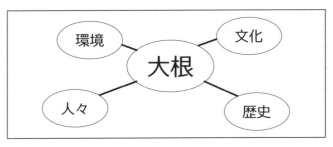

大根をテーマにしたマインドマップ例

　子どもたちは、人々の視点で「美味しい大根料理は何だろう？」「大根の成長や花言葉の意味は何だろう？」「大根の栄養素って何だろう？」などの問いをあげていました。

● 子どもたちの探究活動

　3ヶ月かけて育ててきた大根です。最初は白菜も育てて、みんなで鍋づくりをしようとしていたものの、白菜はうまく育たず、大根の栽培を毎日一生懸命行ってきました。つくった大根の問いごとにそれぞれのグループに分かれて探究活動を進め、ポスターにまとめて大根に関する発表会を行いました。また、美味しい大根料理を調べるチームは、大根料理のレシピを紹介しました。その後は、アンケートを作成し、一番人気だった「大根バターステーキ」をつくって、みんなで大根パーティーをしました。当日は30人分の料理づくりに四苦八苦。時間は間に合うのか一生懸命でした。育ててきた大根にバターとゆずポン酢を添えてステーキに仕上げました。「大根って……大根ってこんなに美味しいんだ。」とぽつりと話す子どもたちがいました。

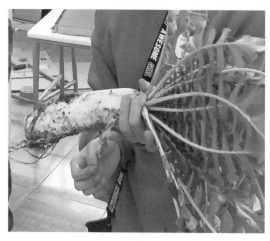

子どもたちが育てた大根

2 「まちづくり」をテーマにした探究活動

　みなさんのまちは，どんな感じでしょうか。自分が住んでいるまちを知る，自分が住んでいるまちとつながるようなテーマはどうでしょうか。『社会科でまちを育てる』（長瀬拓也　東洋館出版社）を参考にしました。社会の教科書の学びと自分のまちの産業を関連づけた素敵な実践です。

● **子どもを刺激する体験**
・学区地図やグーグルアースを使って調べる
・学区の自分が行きたい場所にフィールドワーク
・出会った場所とその関係を生かしてまちづくりに挑戦する

● **子どもに提示した問いのマインドマップ**

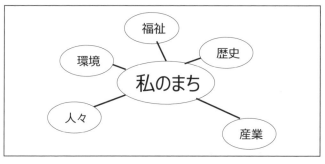

私のまちをテーマにしたマインドマップ例

　子どもたちの問いをまとめると，「私のまちにはどんな歴史の建物があるだろう？」「地域のコミュニティーセン

ターってどんなことをしているのだろう？」「いつも行列ができているラーメン屋さんは，どんな人が働いているのだろう？」などがあがりました。

● **子どもたちの探究活動**

　ここでは私がおすすめする探究活動後の発表例を３つ紹介したいと思います。ただ調べただけでなく，自分のまちの魅力を発信していくことが大事です。そして，発信した内容で伝え手に影響を与えていくことが大事だと思います。それがまちづくりにつながります。

〈観光ガイドとして，保護者や地域の人に発信〉

　歴史的建物や素敵な店を調べてきた子どもたちがいました。その際は，観光ガイドになって現地で魅力を伝えてもらいました。魅力を伝えた後は，付箋などでフィードバックをもらいます。また，作成したガイドブックを保護者に渡したり，地域の回覧板で回してもらったりもします。

〈地域のコミュニティーセンターでの講座開催〉

　地域のコミュニティーセンターで太極拳やバザーが開かれていることや，市民の要望でできた経緯を学んだ子どもたちがいました。

　また，コミュニティーセンターのおもしろさを伝える講座をする活動も行っていました。

Zoom を活用して，オンラインでイベントを開催します。自分自身で作成したスライドを活用して伝えます。URLや QR コードを広告に掲載してチャレンジするのもおすすめです。

3 「歴史」をテーマにした探究活動

　私は，６年生の歴史の学習が始まる際のインストラクションで，「歴史」をテーマにして実践することが多くありました。自分のまちの歴史を時代ごとに分類すれば，子どもたちが作成したガイドブックがオリジナルのインストラクション図鑑となります。

● **子どもを刺激する体験**

・教師作成の学区歴史ガイドブックを読む

・学区にまつわる歴史のフィールドワークをする

・時代ごとに分類後，その時代のインストラクション図鑑づくりを行う

● **子どもに提示した問いのマインドマップ**

　「帰りの途中に案内板があって，そこは総理大臣だった人の家があった場所だったよ。何をしたのかな？」「昔ここらへんで戦争が終わったけど知らずにずっと戦っていた人がいたけど誰だっけ？」など，そのまちの歴史について

の問いがあげられていきます。

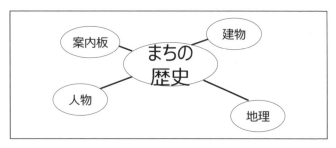

まちの歴史をテーマにしたマインドマップ例

● 子どもたちの探究活動

〈よこいしょういちさんの絵本と昭和時代〉

　学区の近くには，横井庄一記念館がありました。横井さんは，終戦後も28年間ジャングルで生き抜いた日本兵です。子どもたちは『よこいしょういちさん』（亀山永子　ゆいぽおと）という絵本を見つけました。この絵本を通して，横井庄一さんから平和へのメッセージを学びました。

〈案内板と加藤高明と明治時代，大正時代〉

　学区に「加藤高明少年時代住居地」の案内板を発見。案内板を見ると，加藤高明が総理大臣として普通選挙法を制定したことが分かりました。さらに，自分たちの小学校の卒業生であることにも気づきました。ここから子どもたちの探究が始まりました。

　このように，フィールドワークをもとに学区の歴史を時

代ごとに分類することで，教科書以上の学びが生まれます。

ですから，私は「来週から安土桃山時代に入るよ。」と次にどんな時代を学ぶのかあらかじめ伝えるようしていました。「先生，学区に織田信長のおもり役になっていた平手政秀にまつわるお寺があるよ。織田信長と平手政秀のエピソードをインストラクションしたい。」と声をかけてくれる子どもが出てきました。

また，同じ探究に毎年取り組むことで，「子どもたちが見つけたインストラクション」がどんどん増えていきます。

4 「防災・福祉」をテーマにした探究活動

「防災・福祉」をテーマにした総合的な学習の時間も多いように思います。イエナプラン教育では，ホンモノから学ぶことが大事にされています。

私は「防災・福祉」をテーマにした時に，今をせいいっぱい生きている人と出会う体験を準備するようにしています。

● **子どもを刺激する体験**
　・ホンモノから取材の仕方を学ぶ
　・ホンモノを取材する
　・オンラインなどで学びを発信する

● 子どもに提示した問いのマインドマップ

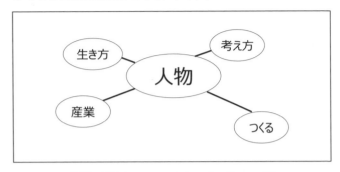

防災・福祉をテーマにしたマインドマップ例

　私は「〇〇さんは，震災が起きた時にどんな考え方で乗り越えたのだろうか。」「〇〇さんは，何で△△をつくって自分の思いを伝えたのだろうか」など，その人物についての問いをつくります。

● 子どもたちの探究活動

ホンモノから学ぶ

巻誠一郎さんを学校に招く学習を企画したことがありました。巻誠一郎さんは，熊本地震が起きた際に自ら支援団体を立ち上げ，被災地を何度も回った方です。サッカーの日本代表としてワールドカップに出場して夢を叶えたことと，今の震災支援の取り組みとのつながりを熱く語ってくれました。

　左のページの写真は，お笑いコンビ「マシンガンズ」の一員で，ゴミ清掃員の仕事をしている滝沢秀一さんにオンラインで語ってもらっている様子です。日本一のゴミ清掃員を目指していくと，お笑い芸人の仕事が増えた話。そして，ゴミの研究を分かりやすく解説してくれました。

　子どもたちはホンモノを取材することで学び合い，生き方を共有した探究を進めました。ホンモノとの出会いは，子どもたちが生きていく上で忘れられない体験になります。

　そして，ホンモノの生き方が自分自身の原点となります。こういった出会いを演出しましょう。

ファミリー・
ワールドオリエンテーション

　『タヌキのきょうしつ』（山下明生・長谷川義史　あかね書房）という本が娘のお気に入りでした。娘が1年生の頃です。広島のクロガネモチの木の根元にはタヌキの一家が住んでいて，戦争前後の広島の時の流れをタヌキたちと一緒にみつめることができる作品です。娘の問いは「クロガネモチの木は本当にあるのか？」でした。そこから旅の計画が始まり，娘と一緒に広島県に行きました。原爆ドームの展示を見たり，平和公園を歩いたりと広島の歴史を学びます。そして，広島城近くにある被爆樹林のクロガネモチと出会い，これが物語のモチーフになったのではないかと推測し，最後は読書感想文にまとめていました。

　息子は，島津家の家紋がついたマスクがお気に入りです。図書館で借りてきた「島津義弘」の本を読んで，その生き方に感動しました。「島津義弘の墓はどんなところにあるのか？」「どんな言葉を残したのか？」という問いで実際に鹿児島県の島津義弘の墓所を訪れました。最後は島津義弘の信念についてまとめていました。ワールドオリエンテーションは，家族で行うこともできます。名づけて「ファミリー・ワールドオリエンテーション」です。

楽しみ，悲しみを
共有する催し

01

イエナプラン教育の
「催し」

　第10章では，イエナプラン教育の４つの基本活動の中から「催し」について紹介します。

　催しとは，一般的な祝祭以外にも，学校の行事，子どもたちの誕生日を祝う会などのことをさします。催しを通して，祝い事や楽しみ，悲しみなどを共有します。

　私が2019年にオランダのイエナプランスクールを訪れた際に，誕生日をお祝いする冠をかぶっている子どもが，学校中を嬉しそうに歩き回っていました。先生や友達がその子に声をかけてお祝いをしていました。

　また，サークルになって誕生日の子にケーキのレプリカを渡したり，一緒にお祝いのダンスを踊ったりもしていました。一人一人の誕生日を大事にしていたのです。その場にいるだけで，私自身も心がぽかぽかして温かい気持ちでいっぱいになったのを今でも覚えています。

　そこで，催しとして私が大事にしてきたことを，次ページから３つ紹介します。最初は教師主体で行いますが，徐々に子どもたちに委ねてみてください。

02

「催し」を通した
学級づくり・学年づくり

次の３つの方法を実践とともにご紹介します。

①子どもたちの誕生日を祝う通信を出す
②学年でテーマを決めて，行事を開催する
③学級で年間を通して多様なイベントを開催する

 1 子どもたちの誕生日を祝う通信を出す

何の日？

☆ 沖縄本土復帰記念日
☆ ヨーグルトの日（世界中に広めたメチニコフ博士が誕生日）
☆ サッカーのＪリーグ開幕！
☆ 五・一五事件が起こる！

同じ誕生日

☆ 美輪明宏さん（歌手）
☆ 瀬戸内寂聴さん（僧侶）
☆ 美川憲一さん（歌手）
☆ 市川房枝さん（婦人運動家）

本日の主役

誕生花

アヤメ　花言葉は「気まぐれ」

歩さん誕生日おめでとう

誕生日通信例（著者の誕生日です・笑）

誕生日がある朝は，このように誕生日，誕生日にあった出来事，同じ誕生日の人，誕生花と花言葉を通信にまとめて本人に渡します。そして，この通信を活用してサークル対話をします。今日が何の日で，同じ誕生日の人の紹介，誕生花について伝えます。その子に合った詩を一人一人にプレゼントした年もありました。このような活動を続けていると，子どもたち同士が互いの誕生日を自然とお祝いするようになります。

2 学年でテーマを決めて，行事を開催する

学年でテーマを決め，そのストーリーを意識した行事の例

　左の写真を見てください。この年は「風雲赤星城」をテーマに，それぞれの行事にチャレンジしていくというストーリー設定で一年間を過ごしました。行事が始まる前に鎧を着た教師が何のためにどんなことにチャレンジするかインストラクションをします。行事が終わった後に振り返りを学年で行っていました。右の写真は，作品展の入り口の

装飾です。中には，粘土でつくられた子ども一人一人の城を展示しました。こういった取り組みもおすすめです。

〈学年でテーマを決めてチャレンジした例〉

・○○村に住んでいることをテーマに，行事ごとに伝説の宝物を手に入れる（当時はゴールドバーという金のレプリカ棒を用意）

・走れメロスをテーマに，ミッションをクリアしてゴールを目指す

---

3 学級で年間を通して多様なイベントを開催する

子どもたちはイベントが大好きです。学級活動の時間を活用し，役割分担などをして学級で行ってきました。やれそうなものがあったら，ぜひチャレンジしてみてください。

● **学級イベント例の紹介**

・体育館を真っ暗にしたおばけやしき
　→マットで道をつくり，入り口から出口までにグループごとで仕掛けをつくって，驚かします。

・逃走中や戦闘中
　→テレビ番組でもお馴染みのゲームです。番組で行われているルールを，学校でできる範囲でアレンジして行います。

・ハロウィンオリンピック

　→一人一人が仮装します。仮装しながら各グループで考
　　えた競技を行います。

・やってみよう格づけチェック！

　→テレビ番組でお馴染み。格づけチェックのクイズを考
　　えるオリエンテーションです。

　他にも「ピタゴラスイッチに挑戦」「かき氷づくり」「み
んなで盆踊りと縁日をしてみよう」「巨大パフェづくりグ
ランプリ」「来年に希望をもつ望年会を開こう」なども行
ってきました。

働き方は変わるのか

　名古屋市には，働き方改革で有名な中村浩二さんがいます。中村浩二さんの著書『ウェルビーイングを実現する「スクールリーダー」の仕事ルール』（明治図書）の中で，「子どもが小学校を卒業するまでに保護者と一緒に過ごす時間は55%終わっている。」と紹介されていました。また，オランダでは，子どものお迎えに父親が来ている割合が非常に高く，夕方になれば多くの人がカフェでのんびりと過ごしている姿が多く見られました。

　こうやって本を書きながら，本当に持続可能な取り組みになり得るのか考えてしまいます。しかし，イエナプラン教育を参考にした授業づくり・学校づくりを進めていくことで，「働き方は変わるのか」と問われると，私は自信をもって「その通りです！」と答えられます。子どもが自立していく中で，自分で計画を立てて，自分で学習を進めていくことができるようになっていくからです。一人一人の子どもと向き合う時間が増えるだけでなく，成長をじっくりと見つめられるようになります。私自身の負担も減りました。年間を通して，時間外労働が20時間以内に収まり，家族と過ごす時間が多くなりました。

おわりに

　本書で紹介したどの実践も公立小学校（特に名古屋市立山吹小学校）で取り組んできた内容です。シンプルで取り組みやすそうだと思っていただけたら幸いです。最初は1つの学級で始まった取り組みが，学年へ，学校全体へ，そして自治体のいくつかの学校へと広がりつつあります。また，新聞への掲載，テレビでの放送などで多くの人々が知るところになりました。

　全国の自治体でイエナプラン教育を参考にする動きが出ています。沖縄県の石垣島，静岡県，岐阜県，京都府，北海道と多くの先生方から要望があり，現職教育を行ってきました。イエナプラン教育を公立学校で参考にしたいというニュースがよく報道されています。

　本書が公立学校の希望になれば幸いです。

　また，本書を出すにあたり感謝を伝えたい人がいます。

　最初に，出会ってきた子どもたちと保護者の方々です。「僕らを信頼してくれるから勉強が本当に楽しい。」「この単元進度表は，先生の思いがあふれすぎている。もっと子どもに聞いた方がいいかも。」など，フィードバックを受けて対話を積み重ねてきたからこその実践です。

　次に，出会ってきた名古屋市の教職員の方々です。名古屋市立山吹小学校へ異動した時の山内敏之校長先生に「私が取り組んできた授業をしていいですか。」と相談したことがあります。「この授業を名古屋市に広げていこうよ。

おもいっきりやっていいから。」と温かい声をいただきました。あの声がなければ今の自分がいないように思っています。本当に感謝をしています。また，「この実践はおもしろいです。」「ワクワクする授業を教えてほしい。」と日々連絡をくれる名古屋市の先生方にも勇気づけられました。

そして，本を書くことを推薦していただいた働き方改革のスクールリーダー中村浩二さん（現：名古屋市教育委員会事務局）には深くお礼と感謝を申し上げます。

最後に，家族です。私には３人の子どもがいます。子どもたちが，「イエナプラン教育の授業を受けたい。」と話すことがありました。国語の授業でイエナプラン教育がやりたいと提案を書こうとしたことがあるそうです（笑）。その子どもの姿は，私自身が書籍にまとめるチャレンジをしてみようと思うきっかけになりました。また，休日にパソコンをカタカタしながら本を書いたり，学びのセミナーに好きに出かけたりすることを許してくれた妻・３人の子どもたちに心から感謝をしています。

明治図書の佐藤智恵様。イエナプラン教育を参考にした実践を届けたいという私の願いを応援していただき，無事に発刊できました。お支えいただき，本当にありがとうございました。

著者　岩本　歩

参考文献

・リヒテルズ直子『オランダの個別教育はなぜ成功したのか』平凡社，2006

・リヒテルズ直子，苫野一徳『公教育をイチから考えよう』日本評論社，2016

・リヒテルズ直子『今こそ日本の学校に！イエナプラン実践ガイドブック』教育開発研究所，2019

・フレーク・フェルトハウズ，ヒュバート・ウィンタース，リヒテルズ直子『イエナプラン　共に生きることを学ぶ学校』ほんの木，2020

・ヒュバート・ウィンタース，リヒテルズ直子『マルチプル・インテリジェンスに学ぶ　見つけよう，引き出そう　1人ひとりの子の才能』ほんの木，2021

・岩瀬直樹，ちょんせいこ『よくわかる学級ファシリテーション①／②／③』解放出版社，2011〜2013

・岩瀬直樹『インクルーシブ教育を通常学級で実践するってどういうこと？』学事出版，2019

・岩瀬直樹『クラスがワクワク楽しくなる！子どもとつくる教室リフォーム』学陽書房，2017

・キャロル・S・ドゥエック『マインドセット「やればできる！」の研究』草思社，2016

・石川晋，ちょんせいこ『対話で学びを深める　国語ファシリテーション』フォーラムA企画，2022

・葛原祥太『けテぶれ宿題革命！』学陽書房，2019

・甲斐崎博史『クラス全員がひとつになる学級ゲーム＆アクティビィティ100』ナツメ社，2013

・堀裕嗣『一斉授業10の原理・100の原則』学事出版，2012

・赤坂真二『アドラー心理学で考える学級経営　学級崩壊と荒れに向き合う』明治図書出版，2021

・赤坂真二『最高のチームを育てる学級目標　作成マニュアル＆活用アイデア』明治図書出版，2015

・川嶋直，中野民夫『えんたくん革命』みくに出版，2018

・高橋尚幸『流動型「学び合い」の授業づくり』小学館，2020

- 坂内智之，高橋尚幸，古田直之『子どもの書く力が飛躍的に伸びる！学びのカリキュラム・マネジメント』学事出版，2016
- 西川純『クラスが元気になる！「学び合い」スタートブック』学陽書房，2010
- 鈴木健二『思考のスイッチを入れる授業の基礎・基本』日本標準，2016
- 鈴木健二『授業総合診療医ドクター鈴木の新人教師の授業診断』明治図書出版，2015
- 鈴木健二『5分でできる小さな道徳授業1／2』日本標準，2021
- マイク・エンダーソン，吉田新一郎『教育のプロがすすめる選択する学び』新評論，2019
- スター・サックシュタイン，キャレン・ターウィリガー，吉田新一郎『一斉授業をハックする』新評論，2022
- スージー・ボス，ジョン・ラーマー，吉田新一郎『プロジェクト学習』新評論，2021
- プロジェクト・ワークショップ『作家の時間』新評論，2008
- 冨田明広，西田雅史，吉田新一郎『社会科ワークショップ：自立した学び手を育てる教え方・学び方』新評論，2021
- 馬田隆明『解像度を上げる』英治出版，2022
- 田中光夫『マンガでわかる！小学校の学級経営　クラスにわくわくがあふれるアイデア60』明治図書出版，2020
- 宗實直樹『社会科「個別最適な学び」授業デザイン　理論編／実践編』明治図書出版，2023
- 川西弘幸『この1冊で，始められる！深められる！まいにち！「学び合い」』フォーラムA企画，2018
- 長瀬拓也『社会科でまちを育てる』東洋館出版社，2021
- 首東久義『国語を楽しく―プロジェクト・翻作・同時異学習のすすめ―』東洋館出版，2023
- 吉金佳能『小学校理科　探究的な学びのつくり方』明治図書出版，2023
- 中村浩二『ウェルビーイングを実現する「スクールリーダー」の仕事ルール』明治図書出版，2022

【著者紹介】

岩本　歩（いわもと　あゆみ）

1982年生まれ。愛知教育大学教職大学院修了。3児の父。趣味はバスケットボール。日本イエナプラン専門教員資格取得。2019年「画一的な一斉授業からの転換を進める授業改善」実践者として，オランダでイエナプラン教育短期研修修了。イエナプラン教育協会と連携して名古屋市の公立学校で研究を推進。イエナプラン教育を参考にした研究を通してテレビ出演・新聞掲載。現在は，名古屋市教育委員会事務局新しい学校づくり推進室の指導主事。イエナプラン教育を参考にした公立学校づくりの研修を名古屋市内・県外で行っています。

著書の感想等がありましたらいつでもご連絡ください。また，研修等のご依頼もお待ちしています。公教育の未来について一緒に考えていきましょう。

連絡先：ayumiayumi5150@yahoo.co.jp

イエナプラン教育を取り入れた自由進度学習
クラスでトライしてみる「ブロックアワー」

2023年9月初版第1刷刊	©著　者	岩　　本　　　　歩
2024年3月初版第3刷刊	発行者	藤　原　光　政
	発行所	明治図書出版株式会社

http://www.meijitosho.co.jp
（企画）佐藤智恵（校正）nojico
〒114-0023　東京都北区滝野川7-46-1
振替00160-5-151318　電話03(5907)6703
ご注文窓口　電話03(5907)6668

＊検印省略　　　　　組版所　株　式　会　社　カ　シ　ヨ

本書の無断コピーは，著作権・出版権にふれます。ご注意ください。

Printed in Japan　　　　ISBN978-4-18-283121-8

もれなくクーポンがもらえる！読者アンケートはこちらから

→